Klaus Borrmann

Mecklenburgs alte Buchenwälder

Klaus Borrmann

Mecklenburgs alte Buchenwälder

UNESCO-Weltnaturerbe Serrahn und Feldberger Schutzgebiete

steffen verlag

Förderung durch

Jost-Reinhold-Stiftung (Schweiz)
Forstamt Lüttenhagen
Forstliches Versuchswesen M/V
Landesforst-Anstalt M/V
Nationalparkamt Müritz
Schutzgemeinschaft Deutscher Wald M/V

Impressum
Die Deutsche Nationalbibliothek verzeichnet diese Publikation in der Deutschen Nationalbibliografie; detaillierte bibliografische Daten sind im Internet über http://dnb.d-nb.de abrufbar.

2. Auflage 2014

Steffen GmbH, Mühlenstraße 72,
17098 Friedland, Tel.: (039601) 274-0
www.steffen-verlag.de, info@steffen-verlag.de

Korrektur: Dr. H. Hartzsch, Lychen

Herstellung: Steffen GmbH, Friedland, www.steffendruck.com

ISBN 978-3-942477-18-5

◀ Nur Buntspecht-Jungvögel haben einen roten Scheitel.

Inhalt

Geleitwort 7

Das UNESCO-Weltnaturerbe »Alte Buchenwälder Deutschlands« 9

Der Weltnaturerbe-Buchenwald Serrahn im Müritz-Nationalpark 13

Fürstliche Freuden – »männlich Verlangen« 14

»Im grünen Wald« 16

Neubeginn: Vogelschutz- und Biologische Station 19

Durch Walddynamik zur Vielfalt und Naturnähe 21

Damwild und Waschbären im Visier der Forscher 24

Schweingarten-See und Bicksbeeren-Bruch 28

Grünower Eichen mit italienischer Wurzel 32

Das Jugendwaldheim Steinmühle bei Carpin 38

Das Naturschutzgebiet Heilige Hallen, Deutschlands ältester Buchenwald 41

Ein großherzogliches Wort für die Waldmajestät 41

»Bei der Erinnerung des Buchwaldes bei Lüttenhagen« . . 45

Monitoring in den Urwäldern von Morgen 47

Vom Reichtum des Alterns 49

Spechte, Fledermäuse und andere Höhlenbewohner . . . 53

Pilze als Zersetzer und Naturnäheanzeiger 56

Verjüngungshelfer: Häher, Hörnchen, Mäuse 61

»Erlebnis Urwald« – eine lange Tradition 62

Das Waldmuseum »Lütt Holthus« Lüttenhagen 65

Erholung und Naturschutz im Naturpark und NSG Feldberger Hütte 67

Bodendenkmale – Zeugnisse der Vergangenheit 68

Ungeregelte Holznutzungen in historischer Zeit 73

Vom Förster- zum Kur- und Naturschutzwald 73

Naturwaldreservat und NSG Conower Werder 79

Eine Wärmeinsel auf reichem Standort 79

Totholzkäfer, Reliktarten aus dem Urwald 83

Bedrohte Vogelarten im NSG Hinrichshagen 85

Die »Rothe Kirche« im alten Buchenwald 85

Wasserstau und Nutzungsstopp für Adler und Co. 86

Jagen im Naturschutzgebiet? 88

Verantwortung für die »Mutter des Waldes« 91

Weiterführende Literatur 95

Abbildungsnachweis 96

Geleitwort

Im zurückliegenden Jahrzehnt wurde der besondere Wert der Wälder auf der Erde für die Erhaltung der biologischen Vielfalt und des Klimas auch im politischen Raum erkannt. Das Jahr 2011 erklärten dann die Vereinten Nationen zum »Internationalen Jahr der Wälder«, um noch mehr Bewusstsein für die Geschichte und Funktion der Wälder zu erzeugen. Und ebenfalls 2011 wurden die Serrahner Buchenwälder im Müritz-Nationalpark gemeinsam mit vier anderen Schutzgebieten in Deutschland von der UNESCO zum Weltnaturerbe erklärt.

Alte, naturbelassene Wälder sind in Deutschland sehr selten. Das liegt an der langen Nutzungsgeschichte unserer Landschaft, in der die einstigen Urwälder flächendeckend verschwanden. Umso wertvoller sind heute Waldflächen, die inzwischen mehrere Jahrzehnte nicht mehr genutzt wurden und sich auf diesem Wege zu neuen Naturwäldern entwickeln können.

Im alten Mecklenburg-Strelitz häufen sich bemerkenswerte Buchenwald-Schutzgebiete, die in diesem Büchlein vorgestellt werden. Die Idee dazu entstand zwischen dem Autor Klaus Borrmann und Dr. Eberhard Voß. Klaus Borrmann war bis zu seiner Pensionierung Leiter des Forstamtes Lüttenhagen und damit verantwortlich für die meisten dieser Schutzgebiete. Dr. Eberhard Voß stammt aus der Feldberger Gegend und beschäftigte sich Zeit seines Lebens mit der Kulturgeschichte der Wälder. Er engagierte sich bis zu seinem Tod 2011 für die Jost-Reinhold-Stiftung, die sich besonders für die Region des Müritz-Nationalparks einsetzt und die Herausgabe dieses Buches ermöglichte.

Den Lesern wünsche ich schöne Entdeckungen in diesen besonderen Schätzen unserer Heimat und dem Autor Klaus Borrmann sowie der Jost-Reinhold-Stiftung danke ich für die Realisierung dieser Idee!

Ulrich Meßner, Speck, den 31. Januar 2012

Alle drei bis vier Jahre: Buchenblüten im Mai

Buchfink (♂) am Nest, ein sangesfreudiger Buchenwaldbewohner

Das UNESCO-Weltnaturerbe »Alte Buchenwälder Deutschlands«

Im Jahre 1975 trat das am 16. November 1972 von der 17. Generalversammlung der UNESCO verabschiedete »Übereinkommen zum Schutz des Kultur- und Naturerbes der Welt« in Kraft. Inzwischen haben es 187 Staaten ratifiziert. Zu einem Weltnaturerbe werden »einzigartige Naturphänomene von außergewöhnlicher Bedeutung« erklärt, die der Welt unbedingt erhalten werden müssen. Damit gehören sie fortan nicht nur dem betreffenden Staat, sondern werden symbolhaft zum ideellen Besitz der gesamten Menschheit erhoben. Von den 936 Kultur- und Naturerbestätten der Welt liegen derzeit nur 36 in Deutschland. Auf der Liste unseres nationalen Weltnaturerbes standen hier bislang nur die Fossilienfundstätte Grube Messel und das Wattenmeer der Nordsee. In Erweiterung des seit 2007 bestehenden gemeinsamen UNESCO-Weltnaturerbes »Buchenurwälder der Karpaten« (29.297 ha) in der Ukraine und in der Slowakei gehören nun seit Juni 2011 mit fünf Teilgebieten auch die »Alten Buchenwälder Deutschlands« dazu. Bei diesen wertvollsten Relikten noch naturnaher und weitgehend naturbelassener alter Buchenwälder handelt es sich um den Hainich in Thüringen (1573 ha), den Kellerwald in Hessen (1467 ha), den Grumsin in der brandenburgischen Uckermark (590 ha) und aus Mecklenburg-Vorpommern Jasmund auf Rügen (493 ha) sowie Serrahn im Müritz-Nationalpark (268 ha).

Anlässlich einer Festveranstaltung des Bundesministeriums für Umwelt, Naturschutz und Reaktorsicherheit am 16. November 2011 in Berlin konnten die Umweltminister der betreffenden Bundesländer aus den Händen des Direktors des Welterbezentrums der UNESCO, Herrn Kishore Rao (Paris), die Welterbeurkunden in Empfang nehmen. Für Mecklenburg-Vorpommern nahm Minister Dr. Till Backhaus das wertvolle Papier entgegen. Alle deutschen Schutzgebiete gehören zu größeren Nationalparks.

Nationalparkleiter Ulrich Meßner eröffnet die Festwanderung mit Umweltminister Till Backhaus in den Serrahner UNESCO-Weltnaturerbewald

UNESCO

Organisation
der Vereinten Nationen
für Bildung, Wissenschaft
und Kultur

WELTERBE · WORLD HERITAGE · PATRIMOINE MONDIAL

Buchenurwälder der Karpaten und Alte Buchenwälder Deutschlands
Welterbe seit 2007 / 2011

Das Logo des UNESCO-Weltnaturerbes »Alte Buchenwälder Deutschlands«

Der Grumsin zählt zum UNESCO-Biosphärenreservat Schorfheide-Chorin. Sie alle unterliegen damit auch national der höchstmöglichen Schutzkategorie. Das System der ausgewiesenen Welterbestätten repräsentiert nun auf den unterschiedlichsten Standorten nahezu vollständig das gesamte Spektrum der in Europa verbreiteten Buchenwaldtypen von den Meeresküsten bis zu den Hochlagen der Mittelgebirge.

Die beteiligten Staaten haben sich darüber hinaus verpflichtet, innerhalb eines gesamteuropäischen Prozesses für den Erhalt und die Aufnahme weiterer Buchenwälder aus anderen Staaten in die gemeinsame Welterbeliste zu wirken. Die sommergrünen Rotbuchenwälder stellen einen wesentlichen Bestandteil der Vegetation in den gemäßigten Klimazonen der Erde dar. Deutschland liegt im Zentrum des Verbreitungsgebietes und wäre von Natur aus zu rund zwei Drittel von Buchenwäldern bedeckt, heute sind es lediglich noch etwa 4,5 % der Landesfläche. Tatsächlich sind Urwälder in Mitteleuropa durch die Tätigkeit des Menschen bis auf sehr kleine Reste vollständig verschwunden. Schon allein daraus wäre die Verantwortung der Menschheit für den Erhalt und besonderen Schutz dieser ursprünglichen Lebensgemeinschaften abzuleiten.

Der Weltnaturerbe-Buchenwald Serrahn im Müritz-Nationalpark

Der Serrahn-Teil des Müritz-Nationalparks repräsentiert in besonderer Weise den Typ des basenarmen Tiefland-Buchenwaldes auf eiszeitlichen Sanden im Verbund mit einer Vielzahl unterschiedlicher Lebensräume. Vor allem sind das hier Moore und Seen. Bedingt durch die relative Nährstoffarmut werden die typischen Perlgras-Buchenwälder mit teppichartigen Beständen von Einblütigem Perlgras häufig durch den Traubeneichen-Buchenwald mit nur wenigen schattenverträglichen Gräsern und Kräutern ergänzt. Der von der UNESCO als Welterbegebiet anerkannte zentrale Bereich der Serrahner Berge hat nur eine Größe von 268 ha. Innerhalb des östlich von Neustrelitz gelegenen Nationalpark-Teilgebiets von 6200 ha gehört die 2142 ha große Pufferzone ebenfalls zur speziellen Welterbefläche.

In mehreren Schritten wurden nach 1945 größere Teile des forstlich kaum genutzten Gebiets unter Naturschutz gestellt bzw. zu Totalreservaten erklärt und 1990 zusammen mit angrenzenden bisher forstüblich genutzten Wäldern dem Müritz-Nationalpark (NP) zugeordnet. Auffällig sind bereits heute, nach zwanzig Jahren, der Strukturreichtum des Waldes und sein hoher Anteil an abgestorbenen Bäumen. Damit gehören nicht nur seltene Großvögel (Kranich, See- und Fischadler) und das tagaktive Damwild zum charakteristischen und auffälligen Artenspektrum, sondern auch viele an Totholz gebundene Arten. Das Gebäude der ehema-

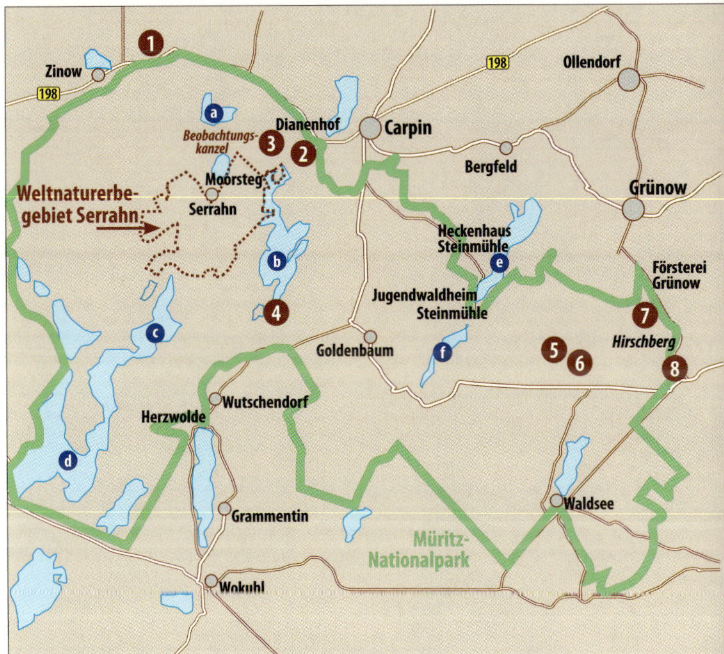

Im Müritz-Nationalpark sind Wanderwege ausgewiesen

1 Heckenhaus Zinow
2 Bicksbeeren-Bruch
3 Großes Moosbruch
4 Ruine Willertsmühle
5 Grünower Eichen
6 Lehmanns Eichen
7 Warsberg
8 Doppelschleusentor

a Großer Serrahn-See
b Schweingartensee
c Hinnensee
d Großer Fürstenseer See
e Grünower See
f Mühlenteich

◀ Hallimasch (volksmediz. »Hall im Arsch«) an einer Alteiche

ligen 1910/11 erbauten Revierförsterei, später der Vogelschutz- bzw. Biologischen Station, wurde nach 1990 Außenstelle des Müritz-Nationalparks, also Dienstsitz der Nationalparkförster des Serrahner Teilgebietes mit den Revieren Waldsee und Serrahn. Am Standort eines ehemaligen Stallgebäudes wird ab Sommer 2012 in einer neuen Ausstellungshalle zur Situation in den europäischen Buchenwäldern informiert. Die Anfahrt zu den Parkplätzen des Müritz-NP-Teils Serrahn mit der UNESCO-Welterbefläche ist von der Bundesstraße 198 nördlich Neustrelitz bestens ausgeschildert.

Fürstliche Freuden – »männlich Verlangen«

Ausgangspunkt für die heutige Schutzwürdigkeit der Serrahner Wälder war die 1848/49 erfolgte Eingatterung des Gebiets zu einem Wildpark des Großherzogs Georg von Mecklenburg-Strelitz. Diese Aktivitäten erfolgten im Zusammenhang mit den Unruhen der 1848er-Revolution zur Sicherung der Jagdprivilegien des Fürstenhauses. Unmittelbar nach der Eingatterung 1849 zählten die Jagdbediensteten im 2150 ha großen Wildpark 110 Stück Rotwild und 197 Stück Damwild, aber nur 11 Wildschweine und 23 Rehe. Zum Personal des Wildgatterreviers gehörten neben dem Wildmeister und den Förstern auch acht Heckenwärter. Für fünf von ihnen waren mit dem Bau des Wildgatters an den Hauptwegen neue Heckenhäuser in Ziegelfachwerk errichtet worden. Die Heckenwärter, auch als Gattertorwärter bezeichnet, hatten den 24 Kilometer langen Zaun zu beaufsichtigen bzw. im Schadensfall zu reparieren und erhielten dafür freies Wohnrecht. Die drei bis heute erhaltenen Heckenhäuser, die einheitlich an der Giebelseite die Inschrift »Gott beschütze die Bewohner dieses Hauses und segne ihren Ein- und Ausgang« tragen, stehen heute unter Denkmalschutz. Da die Forstwirtschaft gegenüber der Jagdwirtschaft deutlich zurücktreten musste, wurden auch die vorwiegend einzelstammweisen

◂ Der Erhalt von Alteichen war für die Ernährung des Wildes bedeutsam.

Holznutzungen entsprechend eingeschränkt. Vor allem aus jagdlichen Überlegungen heraus erfolgten innerhalb der Buchenbestände regelmäßig in kleinen und größeren Gruppen Fichtenanpflanzungen zum Unterschlupf für das Wild.

Bereits 1833 hatte sich der Fürst in der Nähe des Forsthauses Serrahn auf einem Hügel ein relativ einfaches Jagdhaus aus Holz im Schweizer Stil errichten lassen und im Sommerhalbjahr von hier aus sogar die Amtsgeschäfte geführt. Jagd und Wild spielten im Naturverständnis des Großherzogs stets eine besondere Rolle. Im Verbund mit seiner Verantwortung für das Land und dem eigenen Machtanspruch stellte die Jagd einen wesentlichen Faktor der Repräsentation dar und hatte sich frei nach C. M. v. Webers romantischer Oper vom Freischütz als »fürstliche Freude und männlich Verlangen« zu einem wesentlichen Lebensinhalt entwickelt. Zu der jährlich einmal im Herbst durchgeführten Hofjagd waren dann stets die Regierenden aus verschiedenen Herrscherhäusern Deutschlands geladen, um das hier bereits regelmäßig vorkommende Damwild und Schwarzwild zu bejagen. Beide Wildarten stellten schon seinerzeit ein Markenzeichen der Strelitzer Jägerei dar, obwohl natürlich auch das allgemein besonders geschätzte Rotwild gehegt wurde. Andererseits gehörte es zu den positiven Traditionen des Mecklenburg Strelitzer Herrscherhauses, im Lande nicht nur das Wild und die Wälder zu pflegen, sondern stets auch die Waldflächen zu vermehren.

Aber Großherzog Georg war nicht nur ein begeisterter Jäger, sondern auch ein romantischer Schöngeist, der zeitweilig mit dem älteren Goethe in einem ehrerbietigen Briefwechsel stand, ja sogar selbst Gedichte verfasste. In der Zeit der Romantik entsprach es durchaus dem Zeitgeist und der christlich-ethischen Gesinnung ihrer Repräsentanten, in Ehrfurcht vor der Schöpfung die Schönheit der Wälder zu preisen. Besonders bemerkenswert, inhalt-

Das »Schweizer Haus«, Großherzog Georgs Jagdhaus (1833–1945)

Die 1910/11 erbaute Försterei Serrahn, heute Außenstelle des Müritz-NP

lich nahezu aktuell, ist die wiederholt zum Ausdruck gebrachte Sehnsucht nach unberührter Natur, insbesondere nach alten Buchen- und Eichenbeständen.

Im grünen Wald

Kennst Du den schönen Wald
voll Buchen und vieler Eichen?
Er ist wohl tausend Jahre alt,
thut bis zum Himmel reichen.

Wenn ich den grünen Wald betret',
muss ich die Hände falten;
ich seh' die Engel im Gebet;
ich fühl' des Herzens Walten.
Wie herrlich ist doch diese Welt,
wenn sie noch unverheeret,
ohn' Menschenhand sich so darstellt,
wie Gott sie uns bescheret.

Drum trägt sich leichter jeder Schmerz,
vom Schicksal uns gesandt.
Es spricht zum tief gebeugten Herz:
»Du ruhst in Gottes Hand!«
(Großherzog Georg zu Mecklenburg-Strelitz
6. August 1854)

Großherzog Georg, der besonders gern im Pirschwagen zur Jagd hinaus fuhr, verstarb 1860 und hatte bis dahin in 44 Jahren 4069 Stücke Wild gestreckt, vor allem Hirsche, Schaufler und Schwarzwild. Die nachfolgenden Strelitzer Fürstenfamilien (GH Friedrich Wilhelm: 1860–1904, GH Adolf Friedrich V.: 1904–1914) widmeten sich um Serrahn natürlich in gewohnter Weise weiterhin dem Weidwerk. Die Hege des Rotwildes wurde aber weitgehend zugunsten des Damwildes aufgegeben. Die Damwildbestände verdoppelten sich, die des Schwarzwildes stiegen auf

Auch standfeste alte Eichen brechen einmal um. ▸

das Zehnfache an. Die forstlich eingeschränkte Nutzung hatte aus jagdlichen Gründen bis zum Ende der Monarchie 1918 weiterhin Bestand. Die neu berufene Mecklenburg-Strelitzer Staatsforstverwaltung bestellte dann 1919 den renommierten Forst-Professor Dr. Adam Schwappach aus Eberswalde zur Erstellung eines Gutachtens mit dem Ziel der Neuordnung der Forsten im neu begründeten Freistaat. Schwappach stellte fest, dass »der Wildpark bisher nicht nach forstlichen Grundsätzen bewirtschaftet worden ist, sondern tatsächlich als ein dem Urwalde nahe stehender Wildpark [...] gedient hat. Infolgedessen haben sich gewaltige Holzvorräte und zwar größtenteils in überalterten Beständen [...] angesammelt«. Wenn die Angaben des Eberswalder Professors aufgrund der statistischen Unterlagen auch etwas einzuschränken sind, so charakterisieren sie doch recht eindeutig den naturnahen Zustand der Wälder um Serrahn zu Beginn des 20. Jahrhunderts. Aus einem Bereisungsprotokoll von 1943 geht ergänzend dazu hervor, dass die natürliche Verjüngung der Wälder durch die immer noch sehr hohen Wildbestände sehr stark geschädigt wäre und »der gegenwärtige Zustand unerträglich« sowie »eine ordnungsgemäße Verjüngung und Umwandlung in Mischbestand in die Wege zu leiten« sei. Im Prinzip hatte sich also zwischen 1918 und 1945 am Zustand der Wälder durch den Vorrang der Jagd nichts Grundlegendes geändert. Die fachlichen Voraussetzungen für die Einrichtung eines Wald-Naturschutzgebietes waren aber durch das Erbe aus der Zeit historisch bedingter »fürstlicher Freuden« eines romantischen Herrschers und seiner Nachfahren in den Serrahner Wäldern überaus günstig. Geblieben sind aber nicht nur ökologisch wertvolle Wälder, sondern auch eine Vielzahl netter Anekdoten zum Leben in und um Serrahn, die uns etwas von den »Stunden und Stimmungen« in der längst verflossenen »guten alten Serrahner Zeit« widerspiegeln – nachzulesen in: »Strelitzer Büchsenspanner« von Klaus Borrmann.

Serrahner Altkiefern zählen zu den höchsten (41 m Höhe) und stärksten (3,67 m Umfang) Norddeutschlands.

Neubeginn: Vogelschutz- und Biologische Station

Das idyllische Leben im einsam gelegenen Serrahn war 1945 wie ein Kartenhaus zusammengebrochen: Das Schweizer Haus abgebrannt, der Wildparkförster erschossen und der Kaffeegarten der Försterfrau geschlossen. Die Erinnerung an einen traditionsreichen Ort aber blieb und sollte bald zu neuem, einem anderen Leben führen. Dieses neue Leben zog mit dem aus den Sudeten stammenden Revierförster Hubert Weber zum 1. Juli 1949 in Serrahn ein. Als begeisterter Ornithologe hatte Weber sehr bald eine große Vision vor Augen: »Serrahn muss zu einem Ort der Vögel und des Naturschutzes werden!« Ein Traum, der, obwohl früher bereits mehrfach angeregt, in der unmittelbaren Nachkriegszeit noch vor Gründung des neuen DDR-Staates so manches Kopfschütteln hervorrief. Die Zeichen standen trotzdem günstig. Serrahn wurde bald nach 1945 das erste Beispielsrevier für die biologische Schädlingsbekämpfung in den Wäldern Mecklenburgs und Hubert Weber organisierte als Vogelschutzwart für sein Musterrevier 1500 Nistkästen. Zum 1. Juni 1953 erhielt Serrahn den Status einer Vogelschutzwarte als Zweigstelle der Vogelwarte Seebach. Revierförster Weber wurde nebenberuflicher Leiter der kleinen Forschungseinrichtung und zugleich Naturschutzbeauftragter des Bezirks Neubrandenburg. Der Große Serrahnsee und der Schweingarten-See waren endlich Naturschutzgebiet geworden. Mit der neuen Bezeichnung »Biologische Station Serrahn« ab 1960 erfuhr der Ort eine bedeutende Aufwertung.

Serrahn hatte sich inzwischen zum Zentrum der ornithologischen Arbeiten in Mecklenburg entwickelt und war zudem für Studenten und Praktikanten der bedeutendsten Universitäten und Hochschulen Ostdeutschlands zu einem beliebten Ort für praxisnahe Studienaufenthalte geworden. Die Arbeit der wenigen in Serrahn direkt tätigen Wissenschaftler wurde ständig durch zeitweilige bzw. projektbezogene Aufenthalte von Studenten und Spezialisten ergänzt. Besonders erfolgreich ausgeprägt war hier die interdisziplinäre Zusammenarbeit zwischen Wissenschaftlern der unterschiedlichsten Fachgebiete: Botaniker, Forstwissenschaftler, Hydrologen, Meteorologen, Geologen und Landwirte. Die Ergebnisse dieser Arbeiten unter Leitung des Eberswalder Vegetationskundlers Prof. Dr. Alexis Scamoni fanden einen ersten Höhepunkt in der Veröffentlichung aus dem Jahr 1963 zur »Natur, Entwicklung und Wirtschaft einer jungpleistozänen Landschaft, dargestellt am Gebiet des Messtischblattes Thurow«.

Revierförster Hubert Weber, Initiator und ideenreicher Organisator des Serrahner Naturschutzes

Im Jahr 1964 wurde die Biologische Station dem Institut für Landschaftsforschung und Naturschutz (ILN) zugeordnet, wodurch sich das Aufgabenspektrum der Mitarbeiter ständig erweiterte. Trotzdem verblieben die vogelkundlichen Fragestellungen natürlich im Mittelpunkt der Aktivitäten. Neben Hubert Weber war der aus Waren/Müritz stammende Horst Prill auf diesem Gebiet besonders aktiv. Neben den Brutvogelkartierungen waren es vor allem Untersuchungen zu den Greifvögeln und zum Brutbestand des Kolkraben, der hier das Populationstief um 1940/50 überlebt hatte. Hubert Webers besonderes Interesse galt

dem Vogelfang. So wurde Serrahn auch Ausbildungszentrum für die Vogelberinger der DDR. Durch umfangreiche Fangaktionen konnten nicht nur die Invasionsjahre für die einzelnen ost- und nordeuropäische Arten bestimmt, sondern auch seltene Raritäten nachgewiesen werden: Karmingimpel (1952), Alpen-Birkenzeisig (1953), Gelbbrauensänger (1953), Blauschwanz (1972). Die Serrahner Aktivitäten waren in das internationale Beringungs- und Forschungsvorhaben der »Aktion Baltic« eingebettet. Gefangen, vermessen und beringt wurden aber auch die typischen Allerweltsarten: Rotkehlchen, Goldhähnchen, Zaunkönig sowie die verschiedenen Finken- und Meisenarten. Bis 1985 waren etwa 250 000 Beringungen erfolgt, wovon aus ganz Europa 40 000 Wiederfunde zur wissenschaftlichen Auswertung zurückgemeldet wurden. Von Webers Lieblingsvögeln, den Fichtenkreuzschnäbeln, wurden 2654 beringt, soviel wie sonst nirgendwo in Europa. Im Jahr 1987 dankten es die Vögel mit einem seltenen Brutnachweis nördlich von Serrahn. Schließlich kehrten die Wanderfalken 2002 nach 30-jähriger Abwesenheit in Mecklenburg-Strelitz als Brutpaar nach Serrahn zurück. Der Denkstein »50 Jahre NSG Serrahn« in Ortsnähe am Rande einer Wiese kündet auch von diesem Ereignis. Zu den neueren bemerkenswerten Feststellungen gehören der erste Brutnachweis eines Raufußkauzpaares aus dem Jahr 2010 in der Nähe von Carpin und eine erste Sperlingskauzbeobachtung 2011 in der Nähe von Zinow.

Bei allen Untersuchungen spielten natürlich die heute für alte Buchenwälder als Leitarten definierten Vogelarten auch in der Vergangenheit eine entscheidende Rolle. Für die hier im Mittelpunkt stehenden Bestände, nicht nur für die Serrahner Wälder, werden als besonders typische Charakterarten die folgenden gezählt: Gartenbaumläufer, Grauschnäpper, Grünspecht, Hohltaube, Kleiber, Kleinspecht, Mittelspecht, Schwarzspecht, Sumpfmeise, Waldkauz, Waldlaubsänger und Zwergschnäpper. Da die Buchenwaldleitarten vorwiegend in Baumhöhlen nisten, werden wir sie im Abschnitt über das besonders höhlenreiche Naturschutzgebiet Heilige Hallen näher betrachten. Ohnehin sind viele der schwerpunktmäßig den einzelnen Kapiteln zugeordneten Themen inhaltlich auf andere Schutzgebiete übertragbar und vergleichbar.

Durch Walddynamik zur Vielfalt und Naturnähe

Im Gegensatz zu den Buchenwäldern der Mittelgebirge, die im Laufe ihrer Entwicklung immer wieder aufgelockerte (femelartige) Waldstrukturen hervorbringen, neigen unsere Tiefland-Buchenwälder zur Ausbildung eines länger andauernden geschlossenen Hallencharakters. Ob die alten Buchenurwälder der Vergangenheit einmal undurchdringliche Baumdickichte, oder ob sie durch natürliche Lichtungen regelmäßig unterbrochen waren, darüber streiten die Gelehrten gegenwärtig noch. Fest steht aber, dass unsere deutschen urwaldähnlichen Restbestände im Laufe ihrer Entwicklung durchweg vom Menschen mehr oder weniger intensiv beeinflusst wurden. Pollenanalysen, Aschereste, Steinaufsammlungen, Ackerhorizonte, Bodengruben und Bauruinen weisen uns den Weg zurück in die Vergangenheit. Auch in der Nähe des kleinen Ortes Serrahn wurden vor 70 Jahren die Reste einer alten Ansiedlung aus dem 15. Jahrhundert, Saran genannt, freigelegt. Heute wachsen hier alte Bäume. Aus den ältesten belegten Unterlagen vom 16. Jahrhundert über die »Zerrahnschen Berge« geht hervor, dass seinerzeit ein stark beweideter Eichen-Kiefernwald vorherrschte. Erst nach dem Dreißigjährigen Krieg begann sich, wie allenthalben in Europa, die Rotbuche als dominierende Schlusswaldgesellschaft der natürlichen Wälder endgültig wieder durchzusetzen.

Gegenüber dem gegenwärtigen Zustand hatten die Wälder bei der Anlage des Wildparks aber noch eine deutlich andere Zusammensetzung. Nach einer Aufstellung aus dem Jahr 1849 dominierten die Kiefern bei einem fast

◀ Erste Bruchlücken deuten die beginnende Alterungsphase an.

ausgeglichenen Altersklassenverhältnis mit einem sehr gut ausgestatteten Altholzanteil von 51 % das Waldbild. Die Buche folgte zwar mit gut 40 %, wovon aber fast 46 % der Jugendklasse unter 35 Jahren angehörte. Nur etwa 7 % der Rotbuchen hatte ein Alter von über 80 Jahren. Birken (2,3 %) und Erlen (6,1 %) auf Feuchtstandorten ergänzten den Baumbestand. Dabei sei angemerkt, dass einzelne ältere Eichen von relativ gutem Wuchs den Beständen regelmäßig beigemischt waren und auch blieben, da sie für das Wild im Wildpark eine wichtige Nahrungsgrundlage darstellten. Die entscheidende Ausbreitungsphase der heute charakteristischen von der Rotbuche dominierten Altholzbestände um Serrahn liegt also erst gut 150 Jahre zurück. Bis zum Ersten Weltkrieg waren aus den Wildparkwäldern nicht nur die abgestorbenen, sondern auch die ältesten Kiefern und Buchen, bei Schonung der Eichen, entnommen worden. Trotzdem gehören heute die alten erhaltenen Serrahner Kiefern zu den stärksten und höchsten im östlichen Mecklenburg. Der Anteil der Laubbaumarten war auf 71 % angestiegen, wovon 98 % inzwischen älter als 80 Jahre waren. Außer den jagdlichen Interessen, war es vor allem auch die schlechte Verkehrsanbindung, die den Serrahner Wäldern eine gewisse Schonung angedeihen ließ. Auch nach 1914 blieb die Nutzung der forstlich hiebsreifen Bestände weit hinter einer Normalnutzung zurück, weil auch die neue Forstverwaltung auf den Parkcharakter um Serrahn nicht verzichten und bewusst auf die Waldästhetik, vor allem entlang der Seeränder, Rücksicht nehmen wollte. So konnten sich die noch vor der Einrichtung des Wildparks einmal begründeten Altbestände über 100 Jahre lang dynamisch und frei zu den standorttypischen Waldgesellschaften des nordostdeutschen Tieflands entwickeln. In der Folgezeit sorgten engagierte Forstleute, Wissenschaftler und Naturschützer gemeinsam für den Erhalt dieser nun schon fast einmaligen Wälder um Serrahn. Durch die Ausweisung der Flächen zum Naturschutzgebiet und die

Pilzbefall beschleunigt Tod und Bruch ▸

stetige Erweiterung desselben, z. T. gekoppelt an einen Nutzungsverzicht, waren die Wälder auch 1990 noch in einem solch guten Zustand, der die ehemaligen Wildparkwälder zur Kernzone des Nationalparkteils Serrahn im Müritz-Nationalpark werden ließ. Zumindest auf einer Fläche von 71 ha hatte es in den Serrahner Bergen und in der Nähe der Seeufer seit 1958 keinerlei Nutzungen durch Holzeinschlag mehr gegeben – ein besonderes »Alleinstellungsmerkmal« für ein deutsches Naturwaldreservat!

Schon in den 1960er-Jahren hatten erste wissenschaftliche Untersuchungen zur Eigendynamik der verschiedenen Waldentwicklungsphasen mit der Anlage von fest begrenzten Dauerversuchsflächen begonnen. Die auswertenden Ergebnisse zeigten bald erhebliche Unterschiede, sowohl in der vertikalen Struktur, als auch in der Durchmesserverteilung, gegenüber den Verhältnissen in Wirtschaftswäldern. Die Alterungs- oder Terminalphase wurde stets durch kleinflächige Lückenbildungen im Oberbestand in typisch lang-ovaler Form eingeleitet und durch ein Aufwuchsstadium von Jungbuchen ersetzt. Heute, da die Wälder mehr und mehr in die Alters- und Zerfallsphase eintreten, steht der Anteil von abgestorbenen Bäumen nur wenig dem von unbeeinflussten Buchenurwäldern nach. Die zunächst recht kleinen Lücken im Kronendach der Bestände vergrößern sich zunehmend und begünstigen so die natürliche Verjüngung und die horizontale Strukturvielfalt. Regelmäßig beigemischte Alteichen verjüngen sich dagegen kaum und werden z.T. als Relikte des vorangegangenen Zwischenwaldstadiums, eines stark von Haustieren beweideten Traubeneichen-Kiefernwaldes beurteilt. In Anlehnung an das Waldmonitoring-Programm der Landesforstverwaltung werden auch im Nationalpark auf Dauerbeobachtungsflächen entsprechende Langzeitbeobachtungen zur Walddynamik durchgeführt und durch fotografische Dokumentationen ergänzt. Im Müritz-NP-Teil Serrahn sind dazu vier Flächen bestimmt worden: Willertsmühle, Steinmühle, Heckenwärterhaus und Serrahner Berge. Für die am längsten nutzungsfreien Serrahner Berge konnte zur letzten Inventuraufnahme ein Flächenanteil von 63 % der fortgeschrittenen Optimalphase in Richtung Zerfallsphase zugeordnet werden. Insgesamt 230 Bäume je Hektar schlugen mit 570 Festmeter (fm) Derbholz zu Buche. Die mittlere Höhe der zehn höchsten Buchen betrug 46 m. Hinzu kamen 136 fm Totholz je Hektar.

Damwild und Waschbären im Visier der Forscher

Bereits 1957 waren die Reviere Serrahn und Zinow als Wildforschungsgebiet bestätigt worden. Das Ziel der im Auftrag der Eberswalder »Arbeitsgemeinschaft für Jagd- und Wildforschung der DDR« geführten Arbeiten bestand darin, die beiden Reviere zu einem Versuchs- und Beispielsrevier für Damwild zu entwickeln. Damwild gehört zu den Neubürgern (Neozoen) unsere Heimat und wurde erstmals 1755 in unserer Region für den Neustrelitzer Tiergarten urkundlich erwähnt. Zum Zeitpunkt seiner Freilassung in die freie Wildbahn gibt es keine verlässlichen Angaben. Zu den ersten Serrahner Forschungsaufgaben gehörten die Klärung der Fragen zu einer waldverträglichen Wildbestandshöhe (Wildbonitierung), zum Parasitenbefall sowie umfangreiche Fangaktionen, um die Wildtiere zu markieren und biometrische Daten zu sammeln. Mit dem Anstieg der Damwildbestände wurde auch begonnen, dem steigenden Bedarf entsprechend, lebendes Damwild in alle Teile Deutschlands zu liefern. Mit der Intensivierung der praxisnahen Forschungsarbeiten und der Erweiterung des Wildforschungsgebiets nahm die Palette der zu bearbeitenden Themen ständig zu: Wilddichte und Verteilung, Ernährung und Waldschäden, Körper- und Geweihentwicklung, Fortpflanzung und Verträglichkeit gegenüber dem neu angesiedelten Muffelwild. Nach der Unterstellung des Wildforschungsgebiets unter den Bereich der »Inspektion Staatsjagd« ab 1984 verlagerten

▲ Damhirsch in der Bastzeit – die typisch tagaktive Wildart

sich die Aufgabenstellungen bzw. liefen hinsichtlich der ursprünglichen Zielsetzungen langsam aus.

Mit der Einrichtung des Müritz-Nationalparks wurde über Werkverträge die Beantwortung der Fragestellungen zum Damwild zunächst gezielt fortgeführt. Insbesondere die Klärung des Standort-, Raum- und Zeitverhaltens stand nun mit Hilfe von Sendehalsbändern (Telemetrie) im Mittelpunkt der Untersuchungen. Dabei konnte bewiesen werden, dass weibliches Damwild weitaus standorttreuer ist als männliches Wild. Letzteres ist relativ unstet und richtet sich saisonbedingt stets nach dem besten Nahrungsangebot.

Mit den 1977 hier erstmals nachgewiesenen Waschbären geriet ein weiterer Neubürger ins Visier der naturkundlichen Forschung. Unsere Waschbärenpopulation hat mit hoher Wahrscheinlichkeit ihren Ursprung in einer 1945 aufgelösten Pelztierfarm bei Strausberg östlich von Berlin. Heimatland der Art ist Nordamerika. Im Jahr 2006 hat die »Gesellschaft für Wildökologie und Naturschutz« intensive wissenschaftliche Untersuchungen im Serrahn-Teil des Müritz-Nationalparks begonnen. Zu den spektakulärsten Ergebnissen gehört die Feststellung, dass um Serrahn die bisher höchste Populationsdichte aus europäischen Naturräumen nachgewiesen wurde. In den Sommermonaten sind das etwa 250 bis 300 Tiere, bzw. 4 bis 5 Exemplare je 100 Hektar. Die relativ geringe Größe der genutzten Streifgebiete beweist andererseits die Attraktivität der Serrahner Lebensräume hinsichtlich des Nahrungsangebots (Lurche in Feuchtgebieten) und der Tagesruheplätze (67 % in Baumhöhlen). Besondere Aufmerksamkeit erregte die Mitteilung, dass ein junges Waschbärenmännchen im Herbst 2006 von Serrahn in 112 Nächten über eine Strecke von 285 km Luftlinie (real: 700 bis 800 km) bis in die Nähe von Bremen gewandert war. Außer dem Wanderverhalten und den Reviergrößen standen Fragen

▸ Für den Neubürger Waschbär ist die Serrahner Endmoränenlandschaft ein optimaler Lebensraum.

der Schlafplatzwahl, der Lebensraumnutzung, der Ernährung, Parasitierung, zum Sozialverhalten und Raum-Zeit-Verhalten im Vordergrund der Untersuchungen. Auf einer Fläche von 800 Hektar waren dazu 15 Fotofallen ganzjährig installiert worden, die 32.270 Aufnahmen erstellten. Außerdem wurden in Kastenfallen 484 Lebendfänge von 144 verschiedenen Tieren getätigt, diese mit Ohrmarken versehen und dabei gleichzeitig 68 Kleinbären mit UKW-Halsbändern für telemetrische Kontrollen »besendert«. Die praktischen Arbeiten in den Wäldern um Serrahn und Goldenbaum wurden 2010 abgeschlossen. Darüber hinaus ist der aus Ostasien stammende und in der westlichen Sowjetunion ausgesetzte Marderhund seit 1986 in allen vorgestellten Buchenwäldern regelmäßig als Neubürger zu beobachten.

Schweingarten-See und Bicksbeeren-Bruch

Die noch heute gebräuchlichen alten Forstortsbezeichnungen gehen in der Regel auf sehr alte Begriffe zurück, die einen direkten Bezug zur typischen Nutzung bzw. zu besonderen Ereignissen haben. Hier zwei Beispiele: In der Nähe des Schweingarten-Sees dürfte einmal ein Sau- oder Schweinegarten bestanden haben, in dem die Wildschweine in Vorbereitung auf die großen Hofjagden angekört wurden, um sie am Jagdtag von hier aus direkt vor die Schützen zu treiben. Andererseits wurde der See bereits auf einer Karte von 1700 als »Schwin«, also als »Schwein« bezeichnet. Dagegen sind Bicksbeeren im Niederdeutschen eigentlich Blau- oder Heidelbeeren, die vor der Renaturierung der Moorfläche hier besonders ergiebig gesammelt werden konnten. Der Schweingarten-See begrenzt im Osten die ausgewiesene UNESCO-Welterbefläche.

Der in die Endmoräne der Serrahner Berge eingelagerte Schweingarten-See spielt im hydrologischen System des Nationalparks eine wesentliche Rolle. Wasserspiegel und Grundwasserspiegel stehen hier in einem unmittelbaren Zusammenhang. Im Laufe der Landnutzung durch den Menschen war der Grundwasserspiegel der einstmals abflusslosen Seen über Grabensysteme um durchschnittlich 1 bis 2 m abgesenkt worden. Inzwischen wurden die Zuflüsse aus den angrenzenden Mooren und der Abfluss bei Willertsmühle in Richtung Lutowsee wieder verschlossen und der Seespiegel damit auf den ursprünglichen Zustand angehoben. Alte, sehr alte Bäume stehen somit heute abgestorben im Wasser und künden von der einstmaligen Wassernot der alten Loh- und Sägemühle an der alten Goldenbaumer Landstraße.

Der äußerst reich in sechs hintereinander gelegene Becken gegliederte Schweingarten-See hat eine Größe von etwa 55 ha und eine maximale Tiefe von 32 m. Neben Hecht, Blei, Barsch, Rotfeder, Plötz und Schlei gehört zu den 13 regelmäßig hier vorkommenden Arten die mit den Lachsen nahe verwandte Kleine Maräne zu den bemerkenswertesten Bewohnern. Dieser kleine Schwarmfisch von kaum mehr als 20 cm Länge stellt an den Sauerstoffgehalt und die Temperatur seines Lebensraumes spezielle Anforderungen, die heute nur noch in wenigen Gewässern erfüllt sind. Als Nahrungsgäste kommen an diesem von der Fischereinutzung ausgenommenen See relativ häufig See- und Fischadler, Kormoran und Eisvogel vor. Von den Entenvögeln sind am nur spärlich mit Röhrichten bestandenen Waldgewässer lediglich Stock-, Krick- und Schellenten als regelmäßig, aber in geringer Anzahl vorkommend, zu beurteilen.

Das fließende Wasser stellte in alter Zeit die einzige Energiequelle zum Betrieb der Mühlen des Landes dar, sodass den Forderungen der Mühlenbesitzer zur Wasserregulierung in der Regel entsprochen wurde. Gleichzeitig konnten die so entwässerten Moore landwirtschaftlich genutzt werden. Mit dem nach 1990 erfolgten Verschluss der über 200 Jahre in Funktion stehenden Grabensysteme

Motiv am verschlungenen Schweingarten-See ▶

Wollgrasblüte im Bicksbeeren-Bruch

Eisvogel auf der Ansitzwarte

stellten sich nun relativ schnell im Zeitraum von etwa zehn Jahren nach dem Absterben des Moorbirken- und Kiefern-Aufwuchses wieder die ursprünglichen Vegetationsformen ein. Nicht nur im unmittelbar angrenzenden Großen Moosbruch und im benachbarten Bicksbeeren-Bruch ist heute bereits die typisch torfbildende Vegetation mit Wollgras-Torfmoosrasen und Seggen-Wollgras-Rieden wieder deutlich sichtbar.

Grünower Eichen mit italienischer Wurzel

Irgendwie war es eine überaus große Überraschung, als im Ergebnis genetischer Untersuchungen nachgewiesen war, dass unsere heimischen Traubeneichen im Serrahn-Teil des Müritz-Nationalparks in recht enger verwandtschaftlicher Beziehung zu den italienischen Eichen stehen. Allerdings fällt der Bestand durch seine geringe genetische Diversität auf. Die Eichen waren also nach der letzten Eiszeit vor 10 000 Jahren nicht wie üblich von der Iberischen Halbinsel, sondern aus südlicheren Regionen zunächst westwärts um die Alpen herum nach Mitteleuropa zu uns zurückgekehrt. Die Dauerbeobachtungsfläche zur Wirkung von Komplexkrankheiten der auffällig starken Eichen und Rotbuchen liegt in der Nähe und nördlich des Goldenbaumer Damms Richtung Koldenhof und Waldsee in den alten Abteilungen 222 und 223. Die stärkste jemals im Bestandesinnern vermessene Buche des Untersuchungsgebiets stockte übrigens bis 2007 in diesem Bestand: 1,55 m (Dm 1,3 m) und 36 m Höhe. Nach neueren Jahresringauszählungen haben die Eichen ein Alter von bis zu 290 Jahren. Hinsichtlich ihres Holzes galten sie stets als mecklenburgische Spitzenqualität, obwohl im Rahmen von Reparationsleistungen gegenüber den Siegermächten

Herbstlaub im Gegenlicht am Schweingarten-See ▸

Seeadler brüten und jagen regelmäßig im Serrahn-Teil.

die besten Stämme in der Nachkriegszeit um 1946/47 entnommen werden mussten. Trotzdem konnte der Restbestand zur Saatgutgewinnung für eine Verwendung im überregionalen Rahmen anerkannt werden. Gegenüber allen Nutzungsansprüchen während der DDR Zeit setzte sich der langjährig hier tätige Revierförster Werner Lehmann energisch zur Wehr. Immerhin konnte er dann aus dem Verkauf des begehrten Saatguts bedeutend höhere Einnahmen erzielen, als dies aus dem einmaligen Holzverkauf möglich gewesen wäre. Seine ehemaligen Kollegen und die Nationalpark-Mitarbeiter verliehen aus diesem Grunde diesem Bestand am Hasselförder Müllerweg zum 80. Geburtstag ihres Retters im Februar 2008 den Namen »Lehmanns Eichen«. Der mit einer Hinweistafel und einer Ruhebank ausgestattete Standort leitet zu den Buchenaltholzbeständen der Grünower Berge über. Natürlich sind hier die Spuren der bis vor 20 Jahren erfolgten forstlichen Bewirtschaftung und Nutzung in Form des deutlich ausgeprägten Hallencharakters noch gut sichtbar – trotzdem überaus beeindruckende Waldbilder. Während die Hirschberge mit 143 m Höhe allein durch die Buchenbestockung geprägt werden, zeichnet den etwas niedriger mit 141 m ausgewiesenen Warsberg ein sehr »gedämpftes« Höhenwachstum von Buchen und Eichen aus. Die relativ trockene Kuppe, seine südliche Exposition im Gelände und die lange Zeit durch schriftliche Unterlagen belegten Weideberechtigungen für die Grünower Bauern dürften als Gründe anzuführen sein.

◂ Dauerbeobachtungsfläche Grünower Eichen

Mühlenteich-Motiv in den Steinmühler Bergen

Die ehemalige Försterei Steinmühle ist heute Jugendwaldheim.

Nationalpark-Ranger Claus Weber hat auf alle Fragen eine Antwort.

Das Jugendwaldheim Steinmühle bei Carpin

Das heutige Jugendwaldheim (JWH) Steinmühle hat seinen Sitz auf dem Gelände einer ehemaligen, bereits 1440 genannten Wassermühle. Die bis 1890 arbeitende Getreide-Mahlmühle und Holz-Schneidemühle brannte 1905 ab. Das Gebäude zwischen Goldenbaumer Mühlenteich und unmittelbar am Grünower See (auch ein Stauteich) gelegen, wurde 1911 als gleichnamige Försterei neu aufgebaut und bis 1945 genutzt. Nach der politischen Wende 1990 konnte das idyllisch gelegene Gelände als Standort für den Betrieb eines Jugendwaldheimes gesichert werden. Zunächst vom zuständigen Forstamt Lüttenhagen und der Schutzgemeinschaft Deutscher Wald, wird es seit 1. Januar 1996 in Regie des Müritz-Nationalparks betrieben. Die Gebäudesubstanz wurde dann mit erheblicher Unterstützung der Jost-Reinhold-Stiftung in den Jahren 2006/07 von Grund auf saniert. Zuvor war der alte Mühlenabflussgraben unmittelbar am Haus nach dem Bau einer Fischaufstiegstreppe geschlossen worden. Etwa 800 Schüler besuchen nun jährlich in einer fünftägigen Projektwoche das JWH und werden in den Wäldern und an den Gewässern des Nationalparks für die Probleme des Umwelt- und Naturschutzes begeistert und geschult. Darüber hinaus versammeln sich hier am Himmelfahrtstag traditionsgemäß die Christen der Region zu einem Freiluftgottesdienst. Die Leitung des Jugendwaldheimes legt außerdem besonderen Wert darauf, immer wieder zu Wanderungen mit regionaltypischen Themenstellungen einzuladen, um so für den Schutz der Naturreichtümer werbend aktiv zu werden. Aber auch Besucher, die auf eigene Faust einmal die Steinmühle besuchen, können bei einem Spaziergang entlang der Seeufer und am Mühlenbach auf ausgewiesenen Wanderwegen bemerkenswerte Beobachtungen machen. Am Bach brütet im Frühjahr gelegentlich die Gebirgsstelze. Graureiher und Eisvögel, seltener auch der Schwarzstorch, warten in Ufernähe auf Beute. In den Wintermonaten kann zuweilen die Wasseramsel beobachtet werden. Der Biber ist seit 1998 hier wieder heimisch. Seine für die Waldbäume unangenehmen mitunter tödlichen Nagestellen sind allenthalben sichtbar: die Kegelschnitte an den Weichlaubhölzern (Pappel, Weide, Birke) und die Schälstellen am Stammfuß der Buchenstämme. Auf diese Weise nimmt er im sehr zeitigen Frühjahr den Buchensaft als energiereiche Nahrung auf, um sich zu stärken. Ein Besuch der landschaftlich äußerst malerischen Steinmühler Berge mit den für das Flachland ungewöhnlich steilen und mit Altholzbuchen bewaldeten Hängen entlang der Seeufer lohnt sich bei jedem Wetter und zu jeder Jahreszeit!

Motiv von der Kuppe des Warsberges ▶

Das Naturschutzgebiet Heilige Hallen, Deutschlands ältester Buchenwald

Ohne jeden Zweifel hat sich das Naturschutzgebiet der Heiligen Hallen in der Nähe des Forstamts Lüttenhagen für die Naturwaldforschung Mitteleuropas zu einer der wichtigsten wissenschaftlichen Vergleichsflächen (Referenzflächen) entwickelt. Der über 350 Jahre alte Restbestand des typischen Perlgras-Buchenwaldes steht gegenwärtig in der charakteristischen Zerfalls- und Verjüngungsphase. Die Bodenvegetation ist relativ einförmig durch ausgedehnte Rasen von Einblütigem Perlgras charakterisiert und nur selten durch krautartige Gewächse (Eichenfarn, Goldnessel, Hexenkraut, Großes und Kleines Springkraut) unterbrochen. In der Baumschicht dominiert die Rotbuche das Bestandsgefüge eindeutig. Lediglich auf ehemaligen Erdaufschlüssen (Wurzeltellern) und in alten Bestandeslücken konnten sich sehr vereinzelt jüngere Birken, Ebereschen, Salweiden und einige Hainbuchengruppen ansamen. Die Vielzahl der heute vorliegenden wissenschaftlichen Untersuchungen hat ihren Ursprung in den 1950er-Jahren durch Arbeiten des Vegetationskundlers Prof. Alexis Scamoni (Eberswalde). Die Struktur des Bestandes ist heute bereits vielfach mit der eines echten Urwaldes vergleichbar. Das auf dem Rand einer kuppigen Endmoräne (120–140 m NN) stockende Naturschutzgebiet hatte zunächst nur eine Größe von 25,6 ha. Allerdings war es von Beginn an, also bereits vor 160 Jahren, als nutzungsfreie Reservatsfläche betrachtet worden. Im Jahre 1993 konnte das NSG auf eine Größe von 65,6 ha, einschließlich eines bewirtschafteten Schutzgürtels, erweitert und 1998 Naturwaldreservatsfläche der Landesforst-Anstalt M/V werden.

Der Vegetationskundler Prof. Scamoni, Eberswalde (vorn im Bild), gilt als Pionier der Naturwaldforschung in NO-Deutschland.

Ein großherzogliches Wort für die Waldmajestät

Tatsächlich war es kein geringerer, als der Mecklenburg-Strelitzer Großherzog Georg (1816–1860), der um 1850 verfügte, diesen auffällig schönen Buchenbestand »in seiner majestätischen Schönheit für alle Zeiten zu erhalten«. Dies erfolgte nicht, wie seinerzeit oft üblich, aus jagdlichem Interesse, sondern allein aufgrund seines romantischen Wesens und seiner christlich-ethischen

◀ Die Heiligen Hallen beherbergen die höchsten (über 40 m) und stärksten Buchen (über 104 cm) Nordost-Deutschlands.

Das Einblütige Perlgras ist Namensgeber unserer Buchenwälder.

Das dekorative Große Springkraut kommt nur vereinzelt vor.

Das aus Asien stammende Kleine Springkraut bildet große Bestände.

Der zierliche Eichenfarn ist im Buchenwald typisch.

▲ Reichlich auf Holz wachsende Pilzvorkommen gelten als Markenzeichen alter Laubwälder.

Windwurfbuche und Findling auf dem Moränenhang

Grundeinstellung gegenüber seinen alten Laubwäldern. Allerdings erhielt der Bestand erst Jahre später den heutigen Namen. In einem vom Großherzog um 1850 verfassten Gedicht spricht er so auch noch vom Buchwald bei Lüttenhagen.

Bei der Erinnerung des Buchwaldes bei Lüttenhagen

Unter meinen alten Buchen,
Die wie Himmelssäulen stehn,
Möcht ich Dich, o Ruhe, suchen,
Möcht den Himmel wieder sehn,
Wie er durch die dunklen Äste,
Zwiefach schön und her erscheint,
Dann seh' ich gewiss das Beste
Erd und Himmel eng vereint.

Wenn des Mittags glüh'nde Schwüle,
Alles lähmt und schier verdorrt,
Fächelt balsamreiche Kühle
Hier noch unverändert fort.
Nur die Wipfel säumt die Sonne,
Bildet gold'ne Sterne dort,
Schönes Spiel, das ich mit Wonne
Seh' vom schattenreichen Ort.

Dies Gewölbe mir ersetzen,
Kann nicht Mailands hoher Dom,
Ja, so spricht zu meinem Herzen
Selbst St. Peter nicht zu Rom.
Nichts Vollkommnes kann entspringen
Aus der Sterblichen Verstand,
Dir Natur kann's nur gelingen,
Denn in Dir schafft Gottes Hand.

Zum Oberförster Schroeder von Lüttenhagen pflegte Großherzog Georg ein besonderes Vertrauensverhältnis, besuchte ihn regelmäßig und jagte mit ihm in den umliegenden Wäldern. Nur so konnte er auf den damals etwa 200-jährigen wohl relativ dicht bestockten Bestand aufmerksam geworden sein. Das war in jener Zeit ein für Buchenwälder durchaus ungewöhnliches Alter, da das planmäßige Hiebsalter bei 100, maximal bei 120 Jahren lag. Buchenholz war in dieser Zeit, technologisch bedingt, als Bauholz schlecht verwendbar. In der Regel spalteten die Waldarbeiter (Staff- oder Stabschläger) die glatten Stämme im Wald zu Spaltstücken, um diese dann zur weiteren Verarbeitung abzutransportieren. 200-jähriges und älteres Buchenstammholz wäre dazu nur recht eingeschränkt nutzbar gewesen.

Andererseits spricht aus dem Gedicht auch deutlich die große Ehrfurcht des Herrschers gegenüber seinen alten Buchen. Immerhin waren bereits in heidnischer Zeit Bäume, Haine und Wälder oft Kultplätze, also geheiligte Orte. Selbst die in der Folgezeit entstandenen christlichen Bauten mit ihren Säulen und Gewölben dürften der Architektur von Bäumen und Wäldern nachempfunden sein. So war die Rückübertragung des Namens von einem heiligen Gotteshaus auf den eines herausragenden Waldbestandes in der Zeit der Romantik durchaus logisch und üblich. Die Historiker haben aber noch eine andere Möglichkeit erkundet. So könnte auch Mozarts Zauberflöte, die Lieblingsoper des Großherzogs, bei der Namensgebung Pate gestanden haben. Schließlich singt Sarastro darin in einer bekannten Arie »In diesen heil'gen Hallen – kennt man die Rache nicht!« Auf alle Fälle erscheint die Bezeichnung ab 1870 regelmäßig auf den Forstkarten und wurde so für alle Zeiten praktisch nahezu unauslöschbar. Obwohl das großherzogliche Wort zunächst nur forstintern zur Pflege bzw. zur Unantastbarkeit des Gebiets verpflichtete, führte auch der Heimatbund Mecklenburg die Heiligen

◄ Zerfallsphase mit vermehrten Lücken durch Wurf und Bruch

Hallen bereits seit 1908 auf seiner Vorschlagsliste der staatlichen Naturdenkmale Mecklenburgs. Schutz und Pflege verpflichtete allerdings in alter Zeit auch zur Ordnung im Wald, sodass wiederholt bis etwa 1950 Bruchholz zur Brennholznutzung entnommen wurde. Ohne jede menschliche Einflussnahme dürfte der Bestand zu keiner Zeit gewesen sein. Einige undatierte Feuerstellen, Bodengruben und ein Steinschlägerrest weisen darauf noch unmittelbar hin. Auf der Grundlage des Reichsnaturschutzgesetzes von 1935 wurden die Heiligen Hallen schließlich 1938 zum ersten Waldnaturschutzgebiet Mecklenburgs erklärt. War es zunächst die Einmaligkeit des noch geschlossenen sehr alten Buchenbestandes mit entsprechenden Dimensionen, so traten 1993 mit der Erweiterung des Gebiets der Schutz und die Sicherung der Dynamik der typischen Waldgesellschaft des Perlgras-Buchenwaldes (Melico-Fagetum) als Aufgabenstellung hinzu.

Monitoring in den Urwäldern von Morgen

Der relativ neue, aber auch schon moderne Begriff vom Monitoring in der Biologie beinhaltet im Wesentlichen das zeitlich regelmäßige Beobachten und Erfassen des Zustandes der Natur, also der vorhandenen Tier- und Pflanzenarten bzw. Gemeinschaften eines Gebiets. Mit einem solchen wissenschaftlich angelegten System können die Veränderungen unserer Umwelt hinsichtlich ihrer klimatisch bzw. menschlich bedingten Ursachen relativ exakt erfasst und erkannt werden. Eine äußerst wichtige Voraussetzung für gesteuerte Eingriffe in den Haushalt der Natur!

Unter diesem Aspekt wurden in Mecklenburg schon um 1950 erste wissenschaftliche Beobachtungsflächen als Naturwaldzellen ausgewiesen und entsprechende Untersuchungen eingeleitet. Das Ziel bestand darin, ein repräsentatives Netz von Beobachtungsflächen auf der Basis der unterschiedlichsten Standorts- und Vegetationseinheiten zu schaffen. Diese Naturwaldreservatsflächen (NWR) erfuhren dann in M/V seit 1996 eine erhebliche Aufwertung und flächenmäßige Ausweitung. Sie stehen heute in Verantwortung der Landesforst-Anstalt, liegen trotzdem oft in älteren Naturschutzgebieten und wurden in der Regel um gleichgroße so genannte Naturwaldvergleichsflächen (NWV) im benachbarten Wirtschaftswald ergänzt. So können die Ergebnisse der vergleichbaren Untersuchungen sehr schnell erkannt werden und Eingang in die künftige Waldbewirtschaftung finden. Als NWR werden generell nur Waldflächen betrachtet, die in ihrer Entwicklung sich selbst überlassen bleiben, während NWV naturnah zu bewirtschaftende Flächen sind, die dem NWR zugeordnet und mit diesem zusammen als Einheit betrachtet werden. Das Ziel besteht darin, künftig ein Prozent der Landeswaldfläche als NWR dauerhaft zu schützen.

Die Methodik der Grundinventuren ist für beide Flächen gleich. In der Regel erfolgt sie als Stichprobenaufnahme über fest fixierte Probekreise eines Gitternetzes im Abstand von 100 x 100 Metern. Die waldkundliche Aufnahme wird nach Bestockungs-, Totholz- und Verjüngungsaufnahme untergliedert. Generell werden dabei Baumart, Baumhöhe, Durchmesser und mögliche Schäden angesprochen. Das Totholz wird nach fünf Typen (z. B. stehend, abgebrochener Stumpf, liegend) und drei Zersetzungsgraden (beginnend, fortgeschritten, vermodert) unterschieden. Die Ergebnisse der ersten Inventuraufnahme beinhalten die Grundwerte für ergänzende standörtliche, vegetationskundliche und faunistische Untersuchungen. Die Grundaufnahmen auf den jeweils ca. 30 ha großen Flächen erfolgen inzwischen nach einem weitgehend bundeseinheitlichen System im Zehnjahres-Rhythmus, dem sich die Nationalparkverwaltung etwas abgewandelt angeschlossen hat. Damit werden uns aus dem neuen Monitoringsystem einmal recht gut vergleichbare Ergebnisse zur Entwicklung der heute noch »kleinen Urwälder von Morgen« zur Verfügung stehen.

Terminal- bzw. Altersphase vor dem folgenden Bestandeszerfall mit maximal 150 Altbäumen je Hektar

Die ergänzenden und vertiefenden Inventuren zur Bodenkunde, Vegetation und Tierwelt der Naturwaldreservate und Vergleichsflächen erfolgen dagegen weitgehend in Abhängigkeit von der Finanzlage der Länder bzw. der damit beauftragten Institutionen. Mecklenburg-Vorpommern hat dabei in den letzten 20 Jahren und in den hier vorgestellten Gebieten einen erheblichen Aufschwung erfahren. Näheres zur Naturnähe der Schutzgebiete und dem Vorkommen einiger Urwaldreliktarten in den folgenden Abschnitten.

Vom Reichtum des Alterns

Alt werden wie ein Baum und man hat die nötige Erfahrung und Reife – so eine alte Volksweisheit. Wenn hier von einem Reichtum im Wald gesprochen wird, kann sich dies natürlich nur auf die Vielfalt von Strukturen und Arten beziehen. Und tatsächlich stellt sich dieser Reichtum in unseren Buchenwäldern erst im höheren Alter ein, in einem Alter, in dem die starken Stämme des Buchenholzes in der Regel durch Verfärbungen und Fäulnis teilweise bereits entwertet sind. Allein darin liegt der Zwiespalt in der Beurteilung des Waldwertes zwischen Naturschutz und Forstwirtschaft. Für letztere bedeuten 120 bis 140 Jahre alte Buchen die optimale Hiebsreife, da sie so den höchsten Verkaufserlös gewährleisten. Die Ausprägung der typischen Merkmale eines reifen Naturschutzwaldes beginnt aber gerade erst zu diesem Zeitpunkt. Das Wissen um das maximale Alter der Rotbuchen im mitteleuropäischen Tiefland von über 350 Jahren und ihre bis dahin ungebrochene Reproduktionsfähigkeit resultiert tatsächlich sehr wesentlich aus den Verhältnissen in den Heiligen Hallen. Noch vor 70 Jahren hätte eine solche Einschätzung selbst bei Fachleuten ärgste Zweifel hervorgerufen. Inzwischen sind wir eines Besseren belehrt. Alter hat durchaus seinen durch nichts zu ersetzenden Wert. Rekordhöhen und Durchmesser von Einzelbäumen

des Waldes kann man natürlich ebenfalls in erster Linie in Altholzbeständen finden. Folgerichtig standen bei einer letzten umfangreichen Bestandesaufnahme im Nordosten Deutschlands vor gut zehn Jahren von den 17 stärksten Buchen mit über 104 cm Brusthöhendurchmesser (BHD) acht allein in diesem NSG. Von den zehn höchsten Buchen wurden in den Heiligen Hallen zum gleichen Zeitpunkt sieben gezählt, bzw. neun je Hektar mit über 40 m Höhe. Die letzte der einstmaligen zwei Rekordbuchen von 52 m Höhe war 1986 geworfen worden.

Die Wissenschaft hat für die Stämme dieser alten Wälder anhand der Lebensraumansprüche der charakteristischen Buchenwaldfauna (Holzinsekten, Brutvögel, Säugetiere) und der Pilzflora entsprechende naturschutzfachliche Sonderstrukturen erkannt und definiert. Das sind Strukturen, die wir in dieser reichen Ausprägung eigentlich nur in den Buchenwäldern vorfinden, die den Reichtum im Lebensraumangebot dieser Wälder ausmachen. Die alten Buchenbestände gehören tatsächlich zu den arten- und strukturreichsten Wäldern Mitteleuropas: etwa 7000 Tier- und 4000 Pflanzenarten (einschließlich der Pilze) wurden bisher gezählt. Diese Sonderstrukturen konnten natürlich nur in einigen sehr alten Wäldern, die über 50 Jahre nutzungsfrei waren, regelmäßig nachgewiesen werden. Die Heiligen Hallen spielten auch hier eine zentrale Rolle. Dabei wurden deutliche Unterschiede zwischen Gebieten mit 50-jährigem (Serrahn) bzw. über 100-jährigem (Heilige Hallen) Nutzungsverzicht sichtbar. Nachfolgend seien die wichtigsten der 20 gesondert ausgewiesenen Strukturen genannt: Zunderschwamm-, Baumschwamm- und weitere von Pilzen besiedelte Bäume, Kronen-, Zwiesel- und Stammbrüche, Bäume mit Ersatzkronen, Blitzrinnen, Rissen oder Spalten, verschiedene Formen von Höhlenbäumen, solchen mit und ohne Mulm- bzw. Krebsbildung sowie aufrecht stehende Wurzelteller. Letztere werden für die Anlage der Brutplätze von

Krankhafte Kurztriebe führen zur Hexenbesenbildung.

Grobrinden und Maserkröpfe sind typisch für Altbäume.

◂ Restschwarte eines gestürzten Starkbaumes im Jungbestand

Zahlreiche Höhlenbäume charakterisieren die Naturwälder.

Eisvogel, Zaunkönig, Rotkehlchen und Drosseln mitunter bedeutsam. Stümpfe entstehen durch Schaftbrüche von bereits geschädigten Stämmen. Infolge ihrer speziellen Durchmesser und Statik brechen Starkholzbuchen in der Regel zwischen 9 bis 10 m Höhe ab. Zuweilen bildet sich aus einem intakten Seitenast dann unterhalb der Bruchstelle eine neue Ersatz- oder Sekundärkrone aus. Während ein abgestorbener Stumpf noch etwa 20 Jahre standfest ist, kann sich ein solcher mit neuer Ersatzkrone über Jahrzehnte im Bestandesgefüge erhalten. Mitunter bleibt auch nur eine schmale Holzschwarte des ehemaligen Stammes mit Rinde und Kambium unterhalb der neuen Kronenbildung erhalten. Abgebrochene Stümpfe im aufstrebenden Jungwuchs gehören ganz charakteristisch zur Verjüngungsphase der Buchennaturwälder.

Auf den ersten Blick wird ersichtlich, dass diese überdimensionierten Altbäume mit ihren Sonderstrukturen in bewirtschafteten Wäldern weitgehend fehlen, da sie ökonomisch eine Holzentwertung darstellen und somit vorzeitig entnommen werden. Die Holzvorräte in Wirtschaftswäldern liegen zudem deutlich unter denen von ungenutzten Wäldern. Die Stammqualitäten unterscheiden sich dagegen nur geringfügig. In die Wirtschaftswälder fällt andererseits nach der Entnahme einzelner Bäume mehr Licht ein, wodurch eine gegenüber dem Naturwald stärkere Vegetationsentwicklung zu beobachten ist. Allerdings sind dies dann die so genannten Allerweltsarten, während die typischen Arten der alten Waldstandorte fehlen. Eine ähnliche Aussage trifft für die Moose zu. Obwohl in unseren alten geschützten Buchenwäldern einige naturnahe Komponenten hinsichtlich der Arten und Strukturen nachgewiesen werden konnten, gilt natürlich die Grundaussage, dass es in Deutschland keine echten Buchenurwälder mehr gibt, ohne jede Einschränkung. Aber allein der hohe Anteil von Totholz, im Jahr 2010 mit 181 Festmetern (fm) je Hektar bzw. 27,8 % der Dendro-(Holz-)masse ausgewiesen, unterstreicht den urwaldähnlichen Zustand des Gebiets. Das Beispiel einer kleinen Langzeitvergleichs-Aufnahme (1968: 2004) zeigt uns die enormen Veränderungen in der Bestandesstruktur. Standen 1968 noch 100 Bäume von über 50 cm Durchmesser je 1 ha auf der Fläche, so waren es 2004 nur noch 40, der Holzvorrat sank von 964 auf 384 fm je Hektar. Die Maximalhöhe blieb unverändert bei 45 m, der maximale Durchmesser stieg von 114 auf 121 cm an.

Der Buchenbestand der Heiligen Hallen erscheint uns und auch dem Fachmann heute nach 150-jährigem Nutzungsverzicht trotz seiner durch den Menschen beeinflussten Geschichte durchaus urwaldartig – sein Urwaldcharakter ist für uns einzigartig und in jeder Beziehung beeindruckend!

Spechte, Fledermäuse und andere Höhlenbewohner

Alle unsere Spechtarten betätigen sich in vorbildlicher Weise als Höhlenbauer und erweitern damit recht bedeutsam das Brutplatzangebot für andere Arten. Außer dem eigentlich in allen Wäldern regelmäßig vorkommenden Buntspecht gehören alle anderen Arten zu den so genannten Leitarten der alten Buchenwälder: Schwarz-, Grün-, Mittel- und Kleinspecht sowie auch der mitunter als Meisenspecht bezeichnete Kleiber. Gegenüber dem anpassungsfähigen Buntspecht stellen diese Arten spezielle Anforderungen an ihren Lebensraum hinsichtlich Nahrungssuche und Höhlenbau. Obwohl der Buntspecht regelmäßig die Gelege von Kleinvogelarten plündert, entstehen durch seine Bautätigkeit entsprechend reiche Nistangebote. Besonders interessant ist das Verhalten der Kleiber, die das Flugloch regelmäßig durch das Zukleben (zukleiben) mit einem Lehmgemisch für die eigenen Bedürfnisse verengen. Das relativ große Revier der Schwarzspechte (200 – 700 ha) ist an das Vorhandensein von für den Höhlenbau geeigneten Bäumen gebunden. Rotbuchen mit einem Durchmesser von 50 bis 60

Schwarzspechte nutzen ein mehrere hundert Hektar großes Revier.

Der Mittelspecht mit der intensivroten Kopfhaube, eine besondere Kostbarkeit grobrindiger Laubwälder

Zentimetern und einer Höhe von zehn bis zwölf Metern gelten als besonders geeignet. Eine solche Höhle kann als Nist- und Schlafplatz über 30 Jahre lang genutzt werden. Seine Nahrung sucht der große Schwarzspecht dagegen bevorzugt am Boden und in dessen Nähe. Das sind vor allem Holzinsekten und Ameisen, von letzteren kann er bis zu 1000 Exemplare bei einer Mahlzeit verzehren. Zu den bemerkenswerten die großen Höhlenbauten nachnutzenden Arten gehören der Waldkauz, die Hohltaube und die Schellente. Gewissermaßen in Konkurrenz dazu werden auch Baummarder und Waschbären regelmäßig in diesen Höhlen angetroffen. Erst wenn sich in der Zerfallsphase der Altbuchen die Bestandsstrukturen etwas auflichten, erscheint hier als Brutvogel auch der Grünspecht. Gleichzeitig verringert sich dann aber der Bestand der charakteristisch an die Hallenstrukturen gebundenen Zwergschnäpper. Der nur wenig kleinere Mittelspecht gilt dagegen als typische an Laubwälder gebundene Art. Da er seine Nahrung weniger aus dem Holz heraushackt, als sie von den Bäumen absammelt, sind raue Rindenstrukturen eine wesentliche Voraussetzung für sein Vorkommen. Deshalb ist er in unseren Buchenwäldern tatsächlich erst in der Alterungsphase mit einer Anzahl bereits abgestorbener Bäume regelmäßig zu beobachten. Ansonsten gilt der Mittelspecht als typischer Bewohner der Eichen- und Erlenwälder mit ihrer charakteristisch groben Borke. Nach neueren Untersuchungen gehört das vorgestellte Untersuchungsgebiet zu den Zentren des Mittelspechtvorkommens von M/V. Bezogen auf die Laubwaldfläche waren dies etwa vier Brutpaare (Bp.) je 100 Hektar, bzw. 3,2 Bp. im NSG Hinrichshagen, 4,4 Bp. im NSG Conower Werder, 6,0 Bp. in den Heiligen Hallen und 13,1 Bp./100 ha im NSG Feldberger Hütte. Der für die Auewälder typische Kleinspecht wird als »Totholzspezialist« durchaus auch in entsprechenden Altwaldstrukturen der Buche angetroffen, wenn auch in deutlich geringerer Anzahl. Abschließend

Typische Nachnutzer von Schwarzspechthöhlen: Baummarder

Hohltaube

Waldkauz

Auch Schellentenjunge werden in Höhlen erbrütet.

soll in diesem Zusammenhang noch ganz kurz auf die Bedeutung der Höhlen und Spalten als Sommerquartier der Fledermäuse hingewiesen sein. Hier hat es in neuerer Zeit durch den Einsatz von Detektoren zur Deutung der aus den Lautäußerungen geschlussfolgerten Artzugehörigkeit einige interessante Erkenntnisse gegeben. Zusammenfassend kann gesagt werden, dass alle für die heimischen Wälder charakteristischen Arten auch hier vorkommen. Wanderer, die bei einem Besuch der Heiligen Hallen den Rundweg nutzen, stoßen im Osten auf den Uhustein mit drei Informationstafeln. Den Uhu könnte man bestenfalls als Halbhöhlenbewohner einstufen; so brütet er mitunter auch am Erdboden im Schutz von heruntergebrochenem Totholz. Und tatsächlich wurde der Uhu nach etwa 100-jähriger Abwesenheit infolge intensiver Verfolgung nun seit 1998 schon wiederholt in der Nähe der Heiligen Hallen und im NSG Hinrichshagen gehört und gesehen. Seine endgültige Wiederkehr als Brutvogel wäre ein sehr positives Signal für die Bemühungen des Naturschutzes unserer Tage.

Pilze als Zersetzer und Naturnäheanzeiger

Die das Holz zersetzenden Pilzarten (Saprophyten) gelten als besonders aussagefähige Belege für die Naturnähe von Wäldern, da sie sich nur bei einem kontinuierlich lang anhaltenden Angebot von Totholz im Bestand erhalten können. Solche Verhältnisse gewährleisten tatsächlich nur die sehr alten Wälder. Für die Buchenwälder geradezu exemplarisch muss hier das Vorkommen des Zunderschwamms genannt werden. Die Palette wird ergänzt durch den Buchen-Schleimrübling, die Stachelbärte, Dachpilze, Tintlinge, Stockschwämmchen und verschiedene Hallimascharten. Besonders bemerkenswert ist das vermehrte Vorkommen des Gifthäublings in den Heiligen Hallen. Je nach Zersetzungsgrad der erkrankten bzw. abgestorbenen Holzsubstanz lösen sich die jeweils charakteristischen Pilzgesellschaften ab. Die Vielfalt ist groß und kann bis zu

Buchen-Schleimrübling ▸

Krebswucherung, eine Reaktion auf Pustelpilzbefall

200 Arten umfassen. Bis ein umgebrochener starker Buchenstamm wieder zu Mulm zerfällt, können aber auch 30 bis 40 Jahre vergehen. Die erste Phase der Zersetzung bestreiten die Wundparasiten, wie z. B. ein den Buchenkrebs verursachender Nectria- oder Pustelpilz. Die orangenfarbigen Fruchtkörper und das Pilzmyzel sind winzig klein, bewirken aber im abwehrenden Wachstum des Baumes gegenüber dem Eindringling am Stamm riesige krebsartige Knollenbildungen. An noch frischem gebrochenem Holz und dessen Rinde siedeln sich bis etwa zwei Jahre nach Ende des aktiven Saftstroms die verschiedenen Pilzarten der so genannten Initialphase an.

Dazu gehören einige Arten der Gallertbecher, Rinden- und Schichtpilze. Typisch für die Optimalphase nach etwa ein bis drei (max. sieben) Jahren sind dann die Austernseitlinge sowie einige Trameten- und Porlingsarten. Sie bauen durch ihr eigenes Wachstum die Zellulose und das Lignin des Holzkörpers ab. Ihr Vorkommen kann bereits als erster noch geringer Hinweis auf eine gewisse Naturnähe des Waldes gedeutet werden. In der letzten Phase zwischen dem 4. und 15. Jahr, der Finalphase, treten dann die echten Naturnäheanzeiger regelmäßig auf: Hallimasch-, Porlings- und Tintlingsarten, Schwefelköpfe und Stockschwämmchen sowie verschiedene Dachpilze, um einige wenige zu nennen. Auf relativ langjährige Totholzvorkommen deuten in den Buchenwäldern die Funde von Buchen-Schleimrübling, Igelstachelbart, Wildem Hausschwamm, Judasohr und Geschichtetem Zähling hin. Besonders auffällig, auch für den Pilzlaien, sind die großen gelblich-weißen filigranen Büschel des Korallenstachelbarts, der häufig ganze Stämme überwuchert. Alle als Zersetzer bekannten Pilze werden nur im steten Wechselspiel mit entsprechenden von und im Holz lebenden Insekten und diversen Mikroorganismen wirksam. Holzartige Strukturen von Pilzen, z. B. die Fruchtkörper des Zunderschwamms, sind in diesen Kreislauf von Werden und Vergehen gleichermaßen einbezogen.

Riesenporling im Jugendstadium

Tödlicher Gifthäubling, ein Doppelgänger des Stockschwämmchens

Zunderschwamm, der typische Buchen-Totholzpilz

Korallenstachelbart-Vorkommen, ein Garant für Naturnähe

▲ Eichhörnchen sind eifrige Eichel- und Bucheckern-Sammler.

Verjüngungshelfer: Häher, Hörnchen, Mäuse

Es war das Verdienst des jungen Lüttenhagener Forstmeisters Alexander von Bülow, sich als einer der Ersten für den Schutz des Eichelhähers eingesetzt zu haben. Selbst in der aufstrebenden Naturschutzbewegung der 1920er-Jahre galt der Häher aufgrund gelegentlicher Übergriffe auf die Singvogelbruten noch als schädlich. Als überzeugter Anhänger der Dauerwaldbewegung Alfred Möllers und mit der Erkenntnis, dass der Häher durch seine Aktivitäten das Laubholz mehrt, glaubte von Bülow, dass der Häher »als nützlichster Vogel schon längst Dr. h.c. aller Forstakademien« sein müsste, und forderte daher dessen unbedingten Schutz. Schließlich trägt der Eichelhäher durch das Verschleppen, mitunter auch Verlieren, seiner Nahrung wesentlich zur Ausbreitung und Begründung von Buchen und Eichen in Nadelholzforsten bei. Da die Häher das Saatgut aber auch verstecken, ohne alle Depots wieder zu finden, kann ein solch natürlicher Aufwuchs für die Wälder durchaus spürbar werden. Der Forstmann spricht dann von der Hähersaat.

Ähnlich, wenn auch mit Einschränkungen, beurteilt der Forstmann die Aktivitäten der Eichhörnchen. Sie gelten hinsichtlich der Nahrungssuche seit alters her als besonders »ungewöhnlich, launenhaft, gesetzlos und sporadisch«, wie es schon der Altmeister der Forstzoologie Bernhard Altum 1876 zum Ausdruck brachte. Da sie keinen Winterschlaf halten und kaum Fettreserven anlegen, sammeln sie im Herbst fleißig entsprechende Vorräte. Diese werden recht zerstreut im feuchten Laub und Moos bzw. in Baumhöhlen oder in der Erde abgelegt. Da nie alle Depots gefunden und aufgezehrt werden, verbleibt ein gewisser Teil im Versteck, keimt im Frühjahr und bereichert so die Verjüngung des Waldes. Für unsere Waldmäuse, speziell die langschwänzigen Geldhalsmäuse, gilt Ähnliches. Auch sie sammeln bei einem Überangebot an Nahrung im Herbst sehr intensiv Eicheln und Bucheckern als Wintervorrat und tragen diesen in entsprechende Höhlen ein. Allerdings gilt es bei

Der Eichelhäher sammelt und versteckt regelmäßig Eicheln und Bucheckern, die nicht alle wiedergefunden werden.

Selbst die Frischlinge beteiligen sich an der Lockerung des Waldbodens und schaffen so ein günstiges Keimbett.

ihnen nicht, viele kleine Vorratskammern anzulegen, um die Konkurrenten fernzuhalten, sondern um die Anlage einiger weniger relativ großer Vorratslager. Ein solch rekordverdächtiges Lager einer Gelbhalsmausfamilie wurde vor einigen Jahren im Müritz-Nationalpark in der Nähe der Goldenbaumer Mühle entdeckt. Es entsprach dem Nahrungsbedarf eines Mauspaares für 400 Tage und bestand aus 31.500 Bucheckern im Gewicht von fast genau 7000 Gramm. Die enge Bindung der Gelbhalsmausvorkommen an unsere heimischen Buchenwälder findet hier eine überzeugende Begründung. Die Beispiele zeigen, dass sogar die typischen Samenverzehrer nicht nur negativ, sondern auf die Waldverjüngung und Ausbreitung der Buche mitunter sogar positiv Einfluss nehmen können. Ähnliches trifft für die Wildschweine zu, die durch ihre Wühltätigkeit ein überaus günstiges Keimbett für Eicheln und Bucheckern schaffen.

»Erlebnis Urwald« – eine lange Tradition

Die Unterschutzstellung des Waldes der »Heilige Hallen« wurde von Anfang an von einem großen öffentlichen Interesse begleitet. Dieses wohl erste mecklenburgische »feudale Schutzgebiet« erfreute nicht nur die großherzogliche Gesellschaft, sondern zog ebenso regelmäßig die Besucher der Feldberger Kur- und Erholungseinrichtungen und die Naturfreunde der Region an. Der heutige Wanderweg durch das Gebiet war seinerzeit noch ein Fahrweg. Seit Ende des 19. Jahrhunderts gibt es keine touristische Abhandlung zu Feldberg, in der nicht der Besuch der Heiligen Hallen besonders empfohlen wird. Dabei waren die Interessen natürlich vielseitig. Zunächst war es die Einmaligkeit eines geschlossenen relativ alten Buchenhochwaldes am Ende seiner optimalen Entwicklungsphase, der mit seiner Ästhetik die Besucher vollauf entzückte. »Den Höhepunkt erreichte die Begeisterung für des deutschen Waldes Pracht, als die Gesellschaft die Heiligen

Der Herrenweg, idyllischer Wanderweg zu den Heiligen Hallen

Hallen erreicht hatte«, hieß es z. B. im Exkursionsbericht des »Vereins der Freunde der Naturgeschichte in Mecklenburg«, die anlässlich ihrer 56. Generalversammlung in Feldberg den Bestand am 21. Mai 1902 besuchte. Oberförster Grapow (1873–1916) hatte die Gäste seinerzeit in Dienstuniform und hoch zu Ross in seinem Revier begrüßt. Im Bericht zur Waldfahrt des Märkischen Forstvereins vom 24. Juni 1913 aus der Mark Brandenburg wird dann bereits von ersten Ausfällen im Innern des Bestandes berichtet. Die Alterungsphase war damit eingeläutet, da sich die Kronenlücken zwischen den Altbäumen nicht mehr vollständig schließen konnten. Trotzdem blieb das Schutzgebiet ein Stolz der Forstleute und anderer Naturfreunde. Dem Zeitgeschmack entsprechend verewigten sich viele von ihnen in der Rinde der alten Bäume. Am Himmelfahrtstag soll es die Tradition gegeben haben, dass sich die jungen Jäger (Förster nach der ersten Prüfung) der Umgebung hier bei Bier und Proviant trafen, um so den Tag gesellig zu verleben. Ihre Initialen waren noch vor wenigen Jahren in der so genannten Jägerbuche zu finden. Die Rindenschnitzereien wurden in jüngerer Zeit von den Wanderern durch eine weniger problematische Erinnerungshandlung ersetzt. Allenthalben findet man nun kleine aufgesetzte Steintürmchen am Wegesrand.

Da im Bestand der Zerfall einzelner Bäume weiterhin zunahm, besuchte eine hochkarätige Fachkommission 1941 die »Heiligen Hallen«, um zu beraten, wie man die Verjüngung des Bestandes eventuell unterstützen könnte. Die Erkenntnis, dass die Schlusswaldgesellschaft unserer Buchenwälder sich auf diesen Standorten aus eigener Kraft vollständig natürlich verjüngt, hatte sich noch nicht durchgesetzt. Bedingt durch den Zweiten Weltkrieg blieben aber alle Eingriffe aus. Nach dem Krieg begannen dann erste wissenschaftliche Untersuchungen im Gebiet, und neben den allgemeinen Besuchern wurde die fachliche Exkursionstätigkeit intensiviert. Die forstlichen Fach- und Hochschulen der DDR sowie artverwandte Einrichtungen und Verbände hatten den regelmäßigen Besuch stets in ihrem Programm. Die zuständigen Oberförster sowie die Revierförster Eitel Krause (1954–1974) und Peter Lange (1974–2005) übernahmen die fachlichen Führungen in ihrem Revier. Die Festveranstaltung zum 50. Jahrestag des Naturschutzgebiets Heilige Hallen (1938–1988), organisiert von der Gesellschaft für Natur und Umwelt (GNU) sowie der Agrarwissenschaftlichen Gesellschaft (awig) am 2. Juni 1988 mit zehn Fachvorträgen und einer Exkursion ins Gebiet stellte zweifellos den Höhepunkt in der DDR-Zeit dar. In Anlehnung an den Empfang durch Oberförster Grapow zum Besuch im Jahr 1902 begrüßte Oberförster Borrmann die wieder in Kutschen anreisende Exkursionsgruppe ebenfalls hoch zu Ross in einer historischen (Fantasie)-Forstuniform. Bemerkenswert war an dieser Feldberger Gedenkveranstaltung die Teilnahme der Pioniere der ostdeutschen Naturwaldforschung Prof. Alexis Scamoni (Eberswalde) und Dr. Lebrecht Jeschke (Greifswald). In der Zeit nach der politischen Wende 1990 wuchs die Zahl der Fachbesucher vor allem aus den Westteilen Deutschlands und benachbarter Länder noch weiter an: Forstleute aller Ebenen, Naturschutz- und Waldbesitzerverbände stellten den Hauptteil der Besucher dar. Viele von ihnen kamen mit Familienangehörigen und Freunden wieder. Jährlich konnten etwa 8000 Besucher gezählt werden. Alle angemeldeten Gruppen wurden von den Mitarbeitern des Forstamts fachlich begleitet. Entsprechende Angebote gibt es auch heute noch, obwohl die Anzahl der Gäste natürlich inzwischen deutlich zurückgegangen ist. Andererseits dürfte es kaum ein anderes Waldgebiet von so geringer Größe in M/V geben, das seit so vielen Jahren derartig viele Besucher nachhaltig in seinen Bann gezogen hat. Der wiederholte Besuch der »Heiligen Hallen« mit dem »Erlebnis Urwald« in seinen verschiedenen Entwicklungsstufen hat sich durchaus zu einer kleinen Tradition entwickelt!

Das Waldmuseum »Lütt Holthus« Lüttenhagen

Um dem zunehmenden Interesse und Bedürfnis der Öffentlichkeit nach sachlichen Waldinformationen zu entsprechen, schuf der Kreisverband der Schutzgemeinschaft Deutscher Wald (SDW) in Zusammenarbeit mit dem Forstamt Lüttenhagen und der Gemeindeverwaltung mit dem Waldmuseum »Lütt Holthus« eine solche Einrichtung. Das Forstamt stellte das Gebäude des ehemaligen Marstalls zur Verfügung, die Gemeinde organisierte und finanzierte nach Abriss den Gebäudeneubau und die SDW übernahm die Einrichtung einer Informationsausstellung zum Thema Lebensraum Wald. Den weitaus größten Anteil zur Finanzierung der Ausstellung stellten die örtlichen Wirtschaftsbetriebe, die Kunden des Forstamts und der NABU-Kreisverband über Spenden zur Verfügung. Das 1999 als »Museum zum Anfassen« konzipierte und eröffnete Haus widmet sich neben einem kleinen historischen Teil vor allem den hier vorherrschenden Wald- und Forstgesellschaften der Buchen- und Kiefernwälder. Im Außengelände werden darüber hinaus alte handwerkliche Techniken aus den Wäldern, z. B. Pflanz-, Holzhauer- und Harzgeräte vorgestellt. Das »Lütt Holthus« (ndt.: kleine Holzhaus) richtet sich insbesondere an die junge Generation, um mit Verstand und Gefühl für den Schutz und die Nutzung der Wälder zu werben. Neben dem Besuch der Ausstellung selbst werden für angemeldete Gruppen entsprechende Angebote zu thematischen Führungen, Waldjugendspielen und Projekttagen unterbreitet. Das Waldmuseum ist sehr häufig Ausgangspunkt für eine Waldwanderung zum NSG Heilige Hallen. Auf diesem Weg wird in der Regel auch der historisch interessante Paradiesgarten besucht, ein Rest des ersten forstbotanischen Versuchsgartens Mecklenburgs von 1880. Neben den alten fremdländischen Bäumen beherbergt das kleine Arboretum alle seit 1989 zum »Baum des Jahres« ausgerufenen heimischen Gehölze.

Gefesselt vom Walderlebnis

Junge Generation mit altem Gerät

Erholung und Naturschutz im Naturpark & NSG Feldberger Hütte

In keiner anderen Region von Mecklenburg-Vorpommern gibt es im Verbund mit dem Serrahn-Teil des Müritz-Nationalparks auf engstem Raum so viele geschützte Waldflächen wie in der Feldberger Seenlandschaft. Folgerichtig wurde 1997 dieser Landschaft zwischen Neustrelitz und Feldberg der verpflichtende Titel eines Naturparks zuerkannt. Grundlage dafür war eine 1994 verabschiedete neue Verordnung zur Festsetzung des »Landschaftsschutzgebiets Feldberger Seenlandschaft« über eine Fläche von 34.500 ha mit 14 verschiedenen Naturschutzgebieten. Die Teile des Nationalparks um Serrahn werden vom Naturpark völlig umschlossen. Alle übrigen in dieser Veröffentlichung vorgestellten alten Buchenwälder sind Naturschutzgebiete (NSG) innerhalb des Feldberger Naturparks, dessen Verwaltungssitz sich im Feldberger Haus des Gastes befindet. Inzwischen hat der Feldberger Naturpark zum wiederholten Male das Zertifikat eines Qualitäts Naturparks erhalten. Andererseits gibt es weit und breit kaum eine Region, wo die historischen Nutzungsformen in den Waldbildern heute noch so deutlich zutage treten, wie in seinem Zentrum, im heutigen NSG Feldberger Hütte. Der regelmäßig vorkommende Fischotter wurde zum Logo und Markenzeichen des Naturparks und »Otti« zu seinem symbolträchtigen Maskottchen.

Der Fischotter – Symbol des Naturparks

◂ Buchenwaldhänge am Schloss- und Reiherberg mit 60 m Höhenunterschied

Bodendenkmale – Zeugnisse der Vergangenheit

In den Wäldern östlich des Haussees und des Breiten Luzins, mit 58 m zweittiefster See Mecklenburgs, findet man eine Fülle von bronzezeitlichen Hügelgräbern. Die für die mittlere Bronzezeit datierten Gräber von 10 bis 30 m Durchmesser und Höhen von 1 bis 3 m sind in der Regel durch ihre Abdeckung mit kleinen Rollsteinen im Gelände gut sichtbar. Die heute streng geschützten Grabanlagen beherbergen nur selten bemerkenswerte Beilagen. Trotzdem wurden natürlich einige Schmuckgegenstände (Gürteldose, Spiralfingerring) und Gebrauchsgegenstände aus Keramik und Bronze (Messer, Streitaxt) gefunden. Waldgeschichtlich heißt dies aber, dass Teile der heutigen Wälder seinerzeit landwirtschaftlich genutzt wurden, also waldfrei waren. Nachfolgend ging, klimatisch bedingt, die Besiedlung sehr stark zurück. Die Waldfläche konnte wieder zunehmen.

Um 600 n. Chr. begann von Osten her eine Neubesiedlung des weitgehend menschenleeren Gebiets durch den slawischen Stamm der Redarier. Dort wo der Höhenunterschied von etwa 120 m zwischen der tiefsten Stelle im Breiten Luzin und der Kuppe der Endmoräne besonders beeindruckend ist, findet man heute den so genannten Schlossberg. Diese Erhebung steht seit den 1920er-Jahren im Mittelpunkt von Untersuchungen und Hypothesen zum Slawenheiligtum Rethra. Trotz intensiver Grabungsaktivitäten bis in die 1960er-Jahre hinein konnten diese Annahmen nicht bestätigt werden. Gefunden wurden aber gut erhaltene typische und reich verzierte Keramikgegenstände aus dem 7. bis 9. Jahrhundert, die fortan als »Feldberg-Typ« in die Geschichtsschreibung eingingen. Die Grabungen bestätigten außerdem das Vorhandensein von Vor- und Hauptburg mit einer 700 m langen Hausreihe für etwa 1000 Menschen sowie auf einem Geländesporn unmittelbar über dem See ein Heiligtum mit einem kleinen Tempelbau.

Bronzezeitliche Hügelgräber sind nur leicht gewölbt. ▸

Die kahl geschlagenen Hänge um die Feldberger Hütte sind nach 200 Jahren wieder voll mit Buchen bewaldet.

Und wieder konnte, durch Pollenanalysen bestätigt, eine Rodungsetappe und nachfolgend ein intensiver Ackerbau nachgewiesen werden.

Der Schlossberg und einige der Hügelgräber liegen unmittelbar am Wanderweg durch die Buchenwälder von der Feldberger Hütte um den Breiten Luzin in Richtung Lichtenberger Strand und sind durch entsprechende Informationstafeln gekennzeichnet.

Ungeregelte Holznutzungen in historischer Zeit

Der slawischen folgte im 9. Jahrhundert die deutsche Zeit und damit eine weitgehend stabile Besiedlung der Landschaft. Die Holznutzung in den Wäldern unterlag zunächst keinerlei Regeln. Bei der relativ geringen Bevölkerungszahl konnte sich ein jeder entsprechend seines Bedarfs bedienen, ohne dass die Wälder Schaden nahmen. Im so genannten hölzernen Zeitalter nach der Eisenzeit trat bei höherer Besiedlungsdichte ein Wandel ein. Holz war immer noch der fast einzige Roh-, Bau- und Brennstoff. Die ungeregelte waldfeindliche Plenterung (Plünderung) führte nun im Verbund mit vermehrten Waldrodungen zu einer akuten Holznot. Das war die Geburtsstunde einer geregelten Holznutzung und führte zum Aufbau entsprechender Forstverwaltungen. Insbesondere vorindustrielle Glashütten, Pottaschesiedereien und Kalkbrennereien verschlangen ungewöhnlich große Mengen an Holz. Mit der Schließung der Schlichter Glashütte im Jahr 1776 eröffnete die Feldberger Hütte 1775 ihren Betrieb. In der Regel zog eine Glashütte immer dann um, wenn die Wälder in der Nähe aufgebraucht waren, also in wirtschaftlich vertretbarer Entfernung kein Holz mehr zur Verfügung stand. Eine Hütte verbrauchte in einem Jahr etwa 3500 Raummeter Holz. Die Pottaschesiedereien nutzten außerdem Zweige, Rinden und Laub. Der Raubbau an den Wäldern war enorm. Nach der Abnutzung der Wälder wurden die Flächen häufig gerodet und in Ackerflächen verwandelt, der Waldanteil ging weiter zurück. Für die Schlichter Feldmark ist dies eindeutig zu belegen. In der unmittelbaren Feldberger Seenlandschaft sind seit 1701 insgesamt 19 Hütten bekannt geworden, in denen fast eine Million Raummeter Holz verfeuert wurden. Die Feldberger Glashütte stellte 1817 ihren Betrieb ein. Parallel dazu arbeite von 1720 bis 1794 am Ziegenberg eine Kalkbrennerei. Die Produktion wurde spätestens nach Schließung der Glashütte auf deren Gelände unter Verwendung von Seekalk fortgesetzt und bis 1902 betrieben. Hierbei fand aber vorwiegend Kiefernholz als Brennmaterial Verwendung. Buchenholz war weder vorrätig noch besonders gut geeignet.

Der desolate Zustand der Wälder durch den Raubbau im 18. Jahrhundert wird auf einem alten Stich von ca. 1835 besonders deutlich. Auf den abfallenden Moränenhängen zum Haussee können bestenfalls auf der Kuppe einige wenige Altbäume erkannt werden. Die Landschaft war einfach ausgeräumt. Da sich in der Folgezeit kein Zwischenwaldstadium einstellte, müssen noch zahlreiche junge Buchen vorhanden gewesen sein. Eine weitgehend naturnahe Entwicklung zu einem heute in Verjüngung stehenden gut 180-jährigen Altholz konnte so doch noch einsetzen. Nur die Steilhänge zum Feldberger Haussee und zum Breiten Luzin genießen heute Totalschutz und sind von der ansonsten naturschutzgerechten Bewirtschaftung und Nutzung ausgenommen.

Vom Förster- zum Kur- und Naturschutzwald

Der erste bedienstete Förster im Amt Feldberg, der Heidereiter Franck, hatte 1701 in Schlicht seinen Dienst- und Wohnsitz. Das dürfte mit der Kontrolle des Holzverbrauchs der Schlichter Glashütte in engem Zusammenhang gestanden haben. Die Försterei wurde 1810 nach Lüttenhagen verlegt und die Feldberg-Schlichter Forsten nun von einem Holzwärter beaufsichtigt. Der Bau der heutigen Revierförsterei Feldberger Hütte erfolgte 1916 auf dem ehemaligen

Vorfrühlingsaspekt am benachbarten Staugraben,
einem Zufluss zum NSG des geheimnisvollen Spockfitz-Sees

Die Anlage der Kneippbecken begann um 1855.

Hüttengelände. Es wird erkennbar, dass die Entwicklung der Buchenbestände zumindest durch eine Regulierung der Baumartenanteile forstlich gelenkt wurde und nicht, wie zuweilen gedeutet, ein zufälliges Produkt der Natur ist.

Interessant ist in diesem Zusammenhang, dass mit der Einrichtung der Feldberger Wasserheilanstalt als Kneipp-Kurbad und der Gründung des »Gemeinnützigen Vereins für Fremdenverkehr« um 1855 die Buchenbestände erstmals in den völlig neuen Blickwinkel eines Kur- und Erholungswaldes traten. Damit waren nicht mehr nur die Holznutzungen, sondern Pflege und Schutz der Wälder zu einem neuen gesellschaftlichen Anliegen geworden. So bemühte sich z. B. der Feldberger Gemeindevorstand im Jahr 1900 um eine Verständigung mit dem zuständigen großherzoglichen Oberförster von Lüttenhagen »um das Ausharken des Laubes aus den Spazierwegen im Walde in der Nähe des Stieglitzenkruges, der Quellen, des Reiherberges und des Schlossberges«. Folgerichtig traten die Kurärzte relativ zeitig in die Reihen der Verfechter des Natur- und Landschaftsschutzes ein und zählten zu den aktiven Mitinitiatoren des

Lerchensporn gedeiht nur auf nährstoffreichem Boden.

Buschwindröschen, Frühlingsboten des Laubwaldes

Feldberger Landschaftsschutzgebietes von 1939. Für die Unterschutzstellung des NSG Feldberger Hütte war die 1947 erfolgte Ausweisung des Schlossberges zu einem geschichtlichen Denkmal mitentscheidend. Nach ersten wissenschaftlichen Untersuchungen des Vegetationskundlers Prof. Scamoni (Eberswalde) erhielt das Gebiet zwischen Stieglitzenkrug, Schlichter Feldmark, den Seeufern und dem Schlossberg 1957 den Status eines Waldschutzgebiets und 1961 den eines Naturschutzgebiets. Im Jahr 1994 wurde das Schutzgebiet nach Norden hin um 160 ha eines ehemaligen Gutswaldes am Hakeisen mit größeren Anteilen von Nieder- und Mittelwäldern erweitert, so dass es heute eine Fläche von 473 ha umfasst. Aus jagdlichen Erwägungen heraus ließ man früher hier nur die Eichen als Mastbäume für das Wild wirklich alt werden. In diesen in der Regel auch heute noch jüngeren Wäldern mit entsprechenden Zwischenwaldstadien konnten bis zu 17 verschiedene Baumarten, z. B. Ahorn-, Linden- und Ulmenarten sowie Vogelkirschen registriert werden. Es handelt sich auf den frischeren Standorten um eine reichere Ausprägung des Perlgras-Buchenwaldes mit anspruchsvollerer Flora: Lungenkraut, Hohler Lerchensporn, Waldgoldstern und Zwiebelzahnwurz. Der besondere Naturreichtum wird durch etwa 80 Feuchtgebiete (Waldsölle, Bruchwälder, Seggenriede und Kesselmoore) charakterisiert. Schreiadler, Waldwasserläufer, Kranich und Rothalstaucher gehören neben den Massenvorkommen von Rotbauchunken, Laub- und Moorfröschen zu den besonderen Kostbarkeiten.

Der Zustand des heutigen Naturschutzwaldes zeigt, dass die Wälder sich hier trotz unterschiedlichster historischer Entwicklungen ihre Multifunktionalität bewahrt haben, dass der Kurgast und der Erholungssuchende ebenso zu ihrem Recht kommen, wie in den abgelegenen Revierteilen der Schutz der seltenen Tierarten.

Moorfrösche zu Hunderten, während der Paarung in Himmelblau ▸

Naturwaldreservat und NSG Conower Werder

Als Werder wird im Niederdeutschen eine Insel bezeichnet, gegebenenfalls auch eine Halbinsel. Das vorzustellende Naturschutzgebiet Conower Werder ist tatsächlich eine vom Carwitzer See nahezu vollständig umschlossene Halbinsel. Dieses Gebiet wurde bereits 1961 zusammen mit angrenzenden Seehängen auf einer Fläche von 45 ha mit zwei darin liegenden nutzungsfreien Naturwaldzellen zu einem NSG erklärt. Zunächst standen waldkundliche Studien zu den Moränen-Buchenwäldern im Vordergrund der Schutzbemühungen. 30 Jahre danach erfuhr das Gebiet auf ganzer Fläche den Status eines Totalreservats und wurde im Jahr 2003 offiziell ein Naturwaldreservat und somit wissenschaftliche Untersuchungsfläche der Landesforst-Anstalt. Das Gebiet liegt relativ abgelegen ohne Anbindung an eine öffentliche Straße und kann so nur im Randbereich bzw. bei angemeldeten Führungen besucht werden.

Eine Wärmeinsel auf reichem Standort

Standörtlich gehört der Werder zur kuppigen Endmoräne (max. 101 m NN) mit einem typisch kleinflächigen Wechsel von Sand und Geschieben (Findlingen) im Oberboden, aber teilweise auch mit stärkeren Feinlehmablagerungen. Die dadurch bedingte floristisch bemerkenswerte Ausstattung führte schon Ende des 19. Jahrhunderts die ersten Fachbotaniker auf den Werder. Andererseits ist es das einzige Gebiet von den hier vorgestellten NSG, aus dem keine direkten Belege zu einer früheren Nutzung durch den Menschen vorliegen. Da es aber deutliche Hinweise zu einer Bodenverlagerung von der Oberfläche in benachbarte Senken gibt und anhand pollenanalytischer Untersuchungen in historischer Zeit vermehrt Eichen, Hainbuchen und Obstgehölze nachweisbar sind, muss von einer landwirtschaftlichen Nutzung oder Beweidung, sicher örtlich und zeitlich begrenzt, ausgegangen werden. Insgesamt dürfte aber der Waldcharakter des Werders nie verloren gegangen sein. Interessant ist ein schriftlicher Beleg zu einer ersten nachweisbaren Pflanzung von Eichen im Jahr 1811 – wohl im vorgelagerten Waldteil. Die ersten vegetationskundlichen Untersuchungen und Bemühungen zum Gebietsschutz Ende der 1950er-Jahre gehen auf Prof. Scamoni (Eberswalde) zurück. Besonders bemerkenswert erschienen ihm seinerzeit die Bergulmen-, Zwiebelzahnwurz-, Bingelkraut- und Fiederzwenken-Ausbildungen inmitten des ansonsten artenarmen Perlgrasbuchenwaldes. Durch das Ulmensterben ist der Anteil dieser Arten stark zurückgegangen. Von den insgesamt 30 verschiedenen Baum- und Straucharten des Gebietes waren die wärmeliebenden Gehölze an den Südhängen seit jeher von besonderem Interesse: Spitzahorn, Elsbeere, Feldulme, Wildbirne und Hundsrose. Sie stellen zur Zeit der Laubfärbung auch einen besonderen Schmuck dar. Zu den Auffälligkeiten gehört neben der heimischen Winterlinde auch das regelmäßige Vorkommen der ansonsten hauptsächlich in Südeuropa

◂ Besonnter Südhang des Werders

Blick von Westen auf die Halbinsel Conower Werder

verbreiteten Sommerlinde. Floristisch standen die wärmeliebenden Arten, die klimatisch auf einen gewissen subkontinentalen Einfluss hinweisen, stets im Mittelpunkt der vielfältigen Untersuchungen: Pfirsichblättrige Glockenblume, Schwarze Platterbse, Wald-, Hecken- und Kassubenwicke sowie Bergjohanniskraut. Obwohl zwischen 1921 bis in die 1950er-Jahre hinein im Gebiet größere Holzeinschläge in Form des heute umstrittenen Großschirmschlags erfolgten, kann dem NSG heute anhand der Artenkombinationen der vorkommenden Vegetationseinheiten und von Naturnäheanzeigern aus der Welt der Pilze insgesamt eine große Naturnähe bestätigt werden. Eine Voraussetzung dafür war offensichtlich der Erhalt einer ausreichenden Anzahl von Überhaltbäumen mit stabiler Struktur im Oberstand, die noch heute erhalten sind und so die Altholztradition des Bestandes bewahrt haben. Den alten Linden scheint dabei eine besondere Bedeutung zuzukommen.

Totholzkäfer, Reliktarten aus dem Urwald

Neben den Pilzen gelten die in totem Holz lebenden (xylobionten) Käfer als besondere Weiser für die Naturnähe eines Waldes. Bundesweit gilt diese Artengruppe als besonders gefährdet. Innerhalb der Totholzkäfer gelten die Urwaldreliktarten als gute Gradmesser für die Strukturqualität und Habitattradition eines Gebiets. Sie stellen in dieser Hinsicht besonders hohe Ansprüche, zeigen eine direkte Bindung an die Waldstrukturen der Alters- und Zerfallsphase und sind in den kultivierten Wäldern in der Regel bereits ausgestorben. Die Landesforst-Anstalt M/V hat mit Ausnahme der Feldberger Hütte für alle der hier vorgestellten Naturwaldreservate die Erfassung und Bewertung der Ergebnisse zu dieser Insektengruppe durch Spezialisten in Auftrag gegeben. Um vergleichbares Material zum Artenbestand der Alt- und Totholzbewohner zu erhalten, wird heute nach einem weitgehend standardisierten Programm gearbeitet. Die Ergebnisse der ersten zwei Jahre aus

Der Eremit oder Juchtenkäfer, eine Vorrangart im Naturschutzrecht

dem Conower Werder waren derartig reichhaltig, dass die Kontrollen ausnahmsweise über zwei weitere Jahre bis 2011 fortgesetzt wurden. Dabei stieg die Anzahl der nachgewiesenen Totholzkäfer von 250 im ersten Jahr auf 315, 341 und 364 in den Folgejahren. Hinsichtlich der Urwaldreliktarten nimmt der Conower Werder mit zwölf Arten eine Spitzenposition ein, die in M/V nur von den »Heiligen Hallen« und dem Zippelower Holz mit jeweils 13 Arten übertroffen wird. Allein 23 Totholzarten konnten überhaupt ein erstes Mal für M/V nachgewiesen werden, außerdem gab es viele Wiederfunde nach 50 bzw. 100 Jahren. Besonders spektakulär war der Deutschland-Erstnachweis des weitgehend am Flachen Schillerporling lebenden ca. 1,6 – 2,7 mm kleinen Pochkäfers »Dorcatoma ambjoerni« im Jahr 2011. Die Spezialisten sind sich einige, dass er unbedingt auf die neue Liste der Urwaldreliktarten gehört!

Damit zählt der Werder auch innerhalb Deutschlands bezüglich dieser Artengruppe zu den besonders wertvollen Gebieten, befindet sich gewissermaßen mit dem Hochspessart (13 Arten) und dem Bayerischen Wald (12 Arten) auf Augenhöhe.

◂ Elsbeeren mit einzigartig karminrotem Herbstlaub

Bedrohte Vogelarten im NSG Hinrichshagen

Im Gegensatz zu den bereits vorgestellten Schutzgebieten lagen der Unterschutzstellung des NSG Hinrichshagen (1124 ha) im Jahr 1962 nicht floristisch-vegetationskundliche Erkenntnisse zugrunde, sondern das Bemühen um den Schutz und Erhalt der bedrohten Großvögel. Für die Bewirtschaftung und Nutzung gab es zunächst kaum Einschränkungen. Lediglich die bis dahin üblichen »größeren Kahlschläge, Meliorationsmaßnahmen und die Wald-Feldbau-Nutzung« sollten künftig unterbleiben. Als Hauptinitiatoren fungierten der Woldegker Apotheker, Botaniker und Kreisnaturschutzbeauftragte (KNB) Johannes Krumbholz (1899–1980) und Dr. Lebrecht Jeschke von der Zweigstelle des Instituts für Landesforschung und Naturschutz in Greifswald. In Anerkennung seines langjährigen Einsatzes für den Schutz aller hier vorgestellten Buchenwälder, einschließlich der sie prägenden Feuchtgebiete, wurde für Herrn Dr. Jeschke am Neugartener Damm im Oktober 2009 ein Gedenkstein gesetzt und der ehemaligen Mooswiese der Name »Dr. Jeschke-Bruch« verliehen.

Die »Rothe Kirche« im alten Buchenwald

Man könnte meinen, hier hat der Wald alle Wunden zugedeckt: Mitten im alten Buchenwald stehen doch tatsächlich unweit des Kopfsteinpflaster-Damms zwischen Hinrichshagen und Grauenhagen die Umrisse einer alten aus Feldsteinen errichteten Kirche. Bereits im 14. Jahrhundert sollen Dorf und Kirche von Rothenhagen in den Fehden der Markgrafenkriege zerstört worden sein. Der Wald hat sich sein natürliches Territorium zurückgeholt und lässt uns von den blutigen Auseinandersetzungen der Vergangenheit kaum noch etwas erahnen. Botanisch auffällig sind auf den Ruinenresten die Vorkommen von zwei in Norddeutschland höchst seltenen Farnarten: Zerbrechlicher Blasenfarn und Braunstieliger Streifenfarn. Ansonsten gehören Waldflattergras, Winkelsegge, Frauenfarn, Goldnessel und Weiße Buschwindröschen zur prägenden Bodenvegetation des Waldes.

Altes Gemäuer an historischem Ort

◀ Im Naturwaldreservat wird der Hallencharakter ohne forstliche Einflussnahme noch etwa 100 Jahre bestimmend sein.

Der seltene Streifenfarn wächst auf dem Ruinengemäuer.

Das im Herbst bereifte Laub der Goldnessel, ein auffälliger Schmuck

Aus der Waldgeschichte der letzten 120 Jahre wissen wir, dass sich seinerzeit einige der heutigen Buchenreinbestände noch in einem Zwischenwaldstadium mit Birken, Eschen Eichen, Ahorn und Kiefern befanden. Das traf im Jahre 1896 auch für die unmittelbare Umgebung der Rothen Kirche zu, wo ein 120-jähriges Kiefernaltholz die jungen Buchen überragte. Hier befand sich am 3. Juni der Frühstücksplatz zur Waldfahrt des Märkischen Forstvereins, in dem in der Regel auch die Mecklenburg-Strelitzer Forstleute organisiert waren. Ein kleiner Gedenkstein kündet noch heute von diesem Ereignis und der Exkursionsführer vom Zustand der Waldbilder entlang der Exkursionsroute durch große Teile des heutigen Naturschutzgebietes. Mit den Stationen VII und VIII in den Neugartener Abteilungen 4 und 8 wurde dabei auch der heute 137-jährige Bestand der als Naturwaldreservat unter Kontrolle stehenden Fläche berührt. Das letzte Inventurergebnis (2000) soll stellvertretend für das gesamte NSG kurz genannt sein. Bei einer durchschnittlichen Höhe um 40 m lag der Vorrat bei 560 Festmeter (fm) je Hektar. Hinzu kam eine Totholzmenge von 35 fm im Naturwaldreservat bzw. von 16 fm je Hektar in der Vergleichsfläche. Im Gegensatz zu den renaturierten Feuchtgebieten ist in den Wäldern die lange Nutzungsgeschichte durch Strukturarmut und geringe Totholzanteile noch recht augenfällig.

Wasserstau und Nutzungsstopp für Adler und Co.

Die auf einer hoch liegenden Grundmoräne stockenden Wälder gehören weitgehend zu einem Flattergras-Buchenwaldtyp mit einem hohen Anteil von Sumpf- und Bruchwäldern. Letztere wurden vor 200 Jahren z. T. trockengelegt und in Wiesen umgewandelt. Wie zurzeit der Unterschutzstellung stehen auch heute die Großvögel im Zentrum der Schutzbemühungen: See- und Schreiadler, Rot- und Schwarzmilan, Wespenbussard, Schwarzstorch und Kranich. Insbesondere der Brutbestand der Schreiadler ist hier an der Westgrenze seines Verbreitungsgebiets auf ein bis zwei Paare stark zurückgegangen. Durch den Einbau von Stauen in alte Abflussgräben wurde jetzt eine Wiedervernässung der Sumpf- und Bruchflächen erreicht und eine höhere Besatzdichte bei Amphibien und Reptilien zur verbesserten Nahrungsgrundlage der gefährdeten Arten organisiert. Da im NSG Hinrichs-

Die ehemalige Rasenwiese nach der Renaturierung ▸

hagen die forstliche Nutzung rechtlich generell zulässig ist, schwelt seit 20 Jahren ein Dauerkonflikt zwischen den Parteien des Naturschutzes und der Forstwirtschaft um die Nutzungshöhe bzw. einen angestrebten Nutzungsverzicht. Umweltminister Backhaus hat angedeutet, den Anteil der nutzungsfreien Wälder von derzeit 5,3 % in M/V weiter anzuheben. Inwiefern das NSG Hinrichshagen davon u. U. einmal profitieren kann, wird die Zukunft zeigen.

Jagen im Naturschutzgebiet?

Nur die Jagd ermöglicht in unserer Kulturlandschaft den Weg zu einem Kompromiss zwischen unkontrollierter Wildbestandsentwicklung und allgemeinen gesellschaftlichen Ansprüchen zu gehen. Auch in einem NSG von über 1000 ha gibt es keine Selbstregulation oder gar das viel beschworene Gleichgewicht der Natur zwischen Pflanzen und Tieren. Letztere sind beweglich und nutzen das stets attraktivste Nahrungsangebot, also auch die Felder außerhalb des NSG. Der Wald ist Tageseinstand, im Hinrichshagener Revier insbesondere für Rot- und Schwarzwild. Das so genannte Schalenwild hat in Mitteleuropa keinerlei natürliche Feinde, kann sich frei entfalten und vermehren. Und so bedient es sich nicht nur der Feldfrüchte, sondern auch an den Trieben und Rinden der Waldbäume. Über Jahrzehnte verbissene junge Bäume werden zu Bonsaibäumchen verstümmelt. Damit kommt Rot-, Dam- und Rehwild auch mit den Zielsetzungen des Naturschutzes hinsichtlich natürlicher Waldbilder in einen argen Konflikt. Zur Kontrolle der Verbissintensität des Wildes legt die Forstverwaltung kleine eingezäunte Weiserflächen an. Naturschutzgebiete in Mitteleuropa sind keine Inseln der Glückseligkeit bzw. utopischer Wunschvorstellungen, sondern Teil der Kulturlandschaft, die es in ihrer Vielgestaltigkeit zu erhalten und zu nutzen gilt. Somit wird das Recht der Jagdausübung zur Pflicht und die Wildbestände zu reduzieren zu einer gesellschaftlichen Aufgabe im Interesse der Allgemeinheit.

◀ Den Schreiadlerhorst findet man stets im unteren Kronenbereich.

Dass die Jäger sich dieser Aufgabe mit Leidenschaft und Passion widmen, steht auf einem anderen Blatt. Dabei hat das ursprünglich triebbedingte Beutemachen der Urzeitjäger zur Nahrungsbeschaffung in heutiger Zeit keinerlei Bedeutung mehr. Wildtiere mit kleineren Revieren, wie das Raubwild (Marder, Fuchs, Dachs) und die Vögel (Tauben, Schnepfen, Enten) unterliegen in der Regel im NSG einer Jagdruhe. Die normalen Jäger unserer Tage jagen wegen des damit verbundenen unvergleichlichen Erlebnisses in Gottes freier Natur, bestenfalls in zweiter Linie wegen der Beute. Und die viel gescholtene Trophäe? Sie ist das kleine Stück Erinnerung an das beglückende Erlebnis im Revier, wie eben auch die beim Pirschgang gefundene Schwungfeder eines Greifvogels oder ein stimmungsvolles Foto! Der lediglich Trophäen sammelnde Auch-Jäger steht zwar noch nicht auf der Roten Liste der vom Aussterben bedrohten Arten, gehört hier aber zu einer nur selten zuwechselnden Unterart.

Der Schrei- oder Pommernadler steht im NSG Hinrichshagen im Zentrum aller Schutzbestrebungen.

Kraniche gehören zum alltäglichen Bild.

Dachse und andere heimische Räuber genießen im NSG in der Regel ganzjährig Schonzeit.

Verantwortung für die »Mutter des Waldes«

Obwohl die Rotbuche eine der jüngsten nach der Eiszeit aus Süd- und Südosteuropa zu uns zurückgekehrten Baumarten ist, genießt sie den Status einer »Mutter des Waldes«. Diese Rückwanderung erfolgte innerhalb kürzester Zeit, in maximal 4000 Jahren. Die Zeitspanne reichte aus, um die bis dahin dominierenden Eichenmischwälder zu verdrängen und etwa zwei Drittel der Landfläche Europas zu bedecken. Bedingt durch ihre große Anpassungsfähigkeit (ökologische Potenz) hält dieser Prozess weiter an – ein europaweit einmaliges Phänomen! Aus diesem Verhalten resultiert nicht nur ihre Dominanz in den natürlichen Waldbildern, sondern auch die ungewöhnliche Vielfalt hinsichtlich der Lebensgemeinschaften, die Raum für mehr als 10.000 Tier- und Pflanzenarten bietet. Selbst für die Haustierernährung waren die Bucheckern neben Eicheln einmal außerordentlich wichtig. Dass die Buchenblätter als Esslaub für Mensch und Tier regelmäßig Verwendung fanden, ist dagegen weitgehend vergessen. Da die ersten Buchstaben des Runenalphabets einmal in Buchenholz geritzt wurden, sprechen wir noch heute von Buchstaben und vom Buch. Runen bargen aber auch immer etwas Geheimnisvolles in sich und dienten der Weissagung über die Zukunft – im Waldmuseum »Lütt Holthus« nutzen noch heute regelmäßig junge Leute diese Möglichkeit. Wenn man von der Verwendung von Buchenholzteer absieht, hat die Buche nie zu den bevorzugten Heilbäumen gehört und blieb auch in der Mythologie stets hinter Linden und Eichen in ihrer Bedeutung zurück.

Mit einer ständig wachsenden Bevölkerung ging der Waldanteil innerhalb weniger Jahrhunderte rapide zurück. Noch stärker verringerte sich die Buchenfläche, da Buchenholz zwar gutes Brennholz abgab, aber als Bauholz weniger gut geeignet erschien. Bundesweit schrumpfte der Anteil auf 15 %. Seit 50 Jahren hat es so auch an Kritikern nie gefehlt, die auf diesen Mangel, vor

Reinigung des Bucheckern-Laubgemischs im Walde

◂ Jungbuchenpflanzung unter Lärchen - der Weg zur Mehrung der Buchenfläche

Von der Ehrfurcht zur Verantwortung

allem auf ökologischem Gebiet, aufmerksam machten. Auch heute wird der Verlust von Buchenwaldflächen von der Naturschutzseite immer wieder angemahnt. Wer die Situation aber ehrlich analysiert, wird zu dem Schluss kommen, dass die Buchenfläche insgesamt nicht gefährdet ist, dass aber lokal durch die Nutzung von Altholzbeständen mit einem Alter von über 150 Jahren in großen zusammenhängenden Altholzblöcken (z. B. um Feldberg) deren Anteil zeitweilig zurückgehen kann. Ergänzend und ausgleichend sammeln die Mitarbeiter der Forstämter in allen lohnenden Samenjahren der Rotbuche in Netzen umfangreich Buchensaatgut, ziehen Jungpflanzen in Baumschulen heran und bringen das geprüfte Pflanzmaterial im Voranbauverfahren in Nadelholzforsten aus. Nutzung in Buchenalthölzern bedeutet also niemals einen Flächenverlust für die »Mutter des Waldes«, aber mitunter hohe Einbußen hinsichtlich der ökologischen Wertigkeit. Der Flächenanteil der Rotbuche ist im letzten Jahrzehnt (1996 – 2005) in den Landesforsten von M/V durch Umwandlung von Nadelholzforsten in Misch- und Laubwaldbestände sowie Unter- und Voranbauten sogar von 12,5 auf 14,6 % gestiegen. So stark wie nie zuvor! Bei den Jungbeständen (1- bis 11-jährig) nimmt sie zur Zeit 33 % ein.

Um die ökologischen Nachteile in einer solch brisanten Situation zu minimieren, sind der Erhalt genügend großer stabiler Altholzinseln in ausreichender Anzahl (Plan in M/V 2000 ha) und der Verbleib von Höhlen- und Totholzbäumen oberstes Gebot. Die Landesforst-Anstalt M/V hat sich dazu eindeutig bekannt.

Nur ein verständnisvolles Miteinander von Naturschutz- und Forstbehörden auf allen Ebenen, eingeschlossen eine gewisse Kompromissbereitschaft, kann auf Dauer die unterschiedlichen Interessenlagen ausgleichen. Der uns auferlegten Verantwortung können wir kaum anders gerecht werden. Wir alle brauchen den Wald – aber auch der Wald braucht uns alle, heute mehr denn je.

Ein gewisser Anteil von totem Holz gehört heute zum naturschutzgerechten Waldbau. ▶

Weiterführende Literatur

Borrmann, Klaus: Die Geschichte des Heilige-Hallen-Waldes – eine Geschichte der Naturschutzidee. – Neubrandenburger Mosaik 1994, 18, S. 102–112

Borrmann, Klaus: 40 Jahre Naturwaldforschung im Heilige-Hallen-Bestand. – Der Wald, Berlin 1996, 23, S. 1292–1296

Borrmann, Klaus: Heilige Hallen aktuell: 70 Jahre NSG. – Labus, Neustrelitz 2008, 28, S. 67–76

Borrmann, Klaus: 50 Jahre NSG Conower Werder (1961–2011). – Labus, Neustrelitz 2011, 33, S. 3–33

Borrmann, Klaus/Tempel, Holger: Die Wildparks Serrahn & Lüttenhagen. – Galenbeck 2005, S. 1–224

Borrmann, Klaus/Mitarbeiter/BONITO: Feldberg-Serrahner Naturparkgeschichte(n). – Galenbeck 2009, S. 1–276

Heinrich, Christoph: Leitlinie Naturschutz im Wald. – Hrsg.: NABU Wetzlar 1993, S. 1–166

Flade, Martin: Tagungsbericht »Zukunftsfähige Buchenwaldbewirtschaftung im Zeichen der Rio-Konvention«. – Beiträge zu Forstwirtschaft und Landschaftsökologie, Eberswalde 2004, 38, 1, S. 45–48

Gürlich, Stephan: Naturwaldreservat Conower Werder im Feldberger Seengebiet Forstamt Lüttenhagen – Bestandsaufnahme und Bewertung der Holzkäferfauna – Abschluss der verlängerten Erstaufnahme 2008–2011. – Koleopterologisches Fachgutachten für die Landesforstanstalt M/V, Buchholz 2011, unveröffentlicht, S. 1–91

Gehlhar, Uwe (2005): Naturwaldreservate in Mecklenburg-Vorpommern – Entwicklung und Stand des Naturwaldprogramms der Landesforstverwaltung. – Mitteilungen aus dem Forstlichen Versuchswesen M-V, Schwerin 2005, 6, S. 7–19

Hemke, Erwin: Vom Werden der Feldberger Schutzgebiete. – Beiträge zur Geschichte des Naturschutzes in Mecklenburg-Vorpommern, Neustrelitz 1994, 1, S. 1–64

Hopp, Udo Hans: Pilze als Naturnäheanzeiger – mit Fundortangaben aus dem Naturpark Felberger Seenlandschaft. – Labus, Neustrelitz 2011, 33, S. 100–110

ILN Greifswald (Hrsg.): 50 Jahre Forschung in Serrahn. – Schriftenreihe des ILN Greifswald 2003, 38, S. 1–120

Jenssen, Martin/Hofmann, Gerhard: Der natürliche Entwicklungszyklus des baltischen Perlgras-Buchenwaldes (Melico-Fagetum). – Beiträge für Forstwirtschaft und Landschaftsökologie, Eberswalde 1996, 30, 3, S. 114–124

Jeschke, Lebrecht: 60 Jahre Naturschutzgebiet Heilige Hallen. – Naturschutzarbeit in M/V, Güstrow 1997, 40, S. 31–40

Knapp, Hans Dieter/Jeschke, Lebrecht: Naturwaldreservate und Naturwaldforschung in den ostdeutschen Bundesländern. – Naturwaldreservate. – Schriftenreihe für Vegetationskunde. – Bonn – Bad Godesberg 1991, 21, S. 21–54

Luthardt, Michael Egidius/Schulz, Roland/Wulf, Monika: Ein Buchenwald im Wandel der Zeit. – Rangsdorf 2004, S. 1–106

Mülder, Dietrich: Helft unsere Buchenwälder retten. – Wilhelm-Münker-Stiftung (Hrsg.), Stuttgart 1982, S. 1–147

NABU-Kreisverband MST (Hrsg.): Serrahnwanderung. – Labus-Sonderheft, Neustrelitz 2002, 4, S. 1–90

Nationalparkamt Müritz (Hrsg.): Forschung und Monitoring 1990–2006. – Hohenzieritz 2006, S. 1–84

Scamoni, Alexis: Vegetationskundliche und standortskundliche Untersuchungen in mecklenburgischen Waldschutzgebieten. – Schriftenreihe des Bezirksnaturkundemuseums Stralsund und des ILN Halle/Saale, Zweigstelle Greifswald, 1965, 3, S. 15–142

Scamoni, Alexis: Das Messtischblatt Thurow – Geschichte der Wälder seit Mitte des 18. Jahrhunderts – Wildpark. – Forstdirektion Neustrelitz (Hrsg.) 1993, S. 1–82

Scamoni, Alexis et al.: Natur, Entwicklung und Wirtschaft einer jungpleistozänen Landschaft dargestellt am Gebiet des Messtischblattes Thurow (Kreis Neustrelitz), Teil I. – Berlin 1963, S. 1–340

Schumacher, Heiko: Zum Einfluss forstlicher Bewirtschaftung auf die Avifauna von Rotbuchenwäldern im nordostdeutschen Tiefland. – Göttingen 2006, S. 1–180 & 12 Anhänge

Sperber, Georg/Thierfelder, Stephan: Urwälder Deutschlands. – München 2005, S. 1–159

Stiftung Wald in Not (Hrsg.): Buchenwälder – ihr Schutz und ihre Nutzung. – Bonn 1996, 8, S. 1–100

Thiel, Walter: Der Wald in Mecklenburg-Vorpommern. – Schwerin 2006, S. 1–280

Umweltministerium M/V (Hrsg.): Die Naturschutzgebiete in M/V. – Schwerin 2003, S. 1–713

Wernicke, Peter: Entwicklung der Buchenwälder im Naturpark Feldberger Seenlandschaft und Auswirkungen auf das Vogelartenspektrum. – Naturschutzarbeit in M/V, Güstrow 2005, 48, 2, S. 63–69

Wernicke, Peter: Entwicklung des Schreiadlerbestandes und Lebensraumveränderungen im Vogelschutzgebiet

◂ Hutebuche vom Hang des Schmalen Luzin nahe Feldberg

Feldberger Seenlandschaft und Teile des Woldegker Hügellandes in den letzten vier Jahrzehnten. – Naturschutzarbeit in Mecklenburg-Vorpommern. – Naturschutzarbeit in M/V, Güstrow 2009, 52, 1, S. 30–37

Winter, Susanne: Ermittlung von Struktur-Indikatoren zur Abschätzung des Einflusses forstlicher Bewirtschaftung auf Biozönosen von Tiefland-Buchenwäldern. – Dissertation TU Dresden, Fakultät Tharandt 2005, S. 1–274 & Anlagen, unveröffentlicht

Winter, Susanne/ Schumacher, Heiko/ Möller, Georg/Flade, Martin (2002): Vom Reichtum des Alterns – Buchenaltholzbestände und ihr Beitrag zum Erhalt der Lebensgemeinschaft von Tieflandbuchenwäldern im nordostdeutschen Tiefland. – Beiträge zu Forstwirtschaft und Landschaftsökologie, Eberswalde 2002, 36, 2, S. 69–76

Abbildungsnachweis

(von den Autoren für diese Publikation dankenswert unentgeltlich zur Verfügung gestellt):

Borrmann, Klaus, mit Ausnahme von:
Archiv Karbe-Wagner Neustrelitz: S. 15 r. o.
Archiv Weber, Claus (Zinow): S. 19 r. o.
Braasch, Hans-Joachim (Fotolia): S. 25
Hopp, Udo Hans (Feldberg): S. 56–57, 59 r. o. und u.
Köller, Klaus (Neustrelitz): S. 36–37
Robiller, Dr. Franz (Weimar): S. 53 r., 54 l.
Wernicke, Dr. Peter (Thurow): S. 70–71, S. 89 r. o.

Buchenkeimling